2021年日本横滨第37届亚洲国际集邮展览镀金奖

蜜蜂邮花

王荫长　张巍巍　缪晓青　著

重庆大学出版社

STAMPS OF HONEYBEE

图书在版编目（CIP）数据

蜜蜂邮花/王荫长，张巍巍，缪晓青 著.— 重庆：重庆大学出版社，2016.12（2021.9重印）
ISBN 978-7-5689-0237-3

I.①蜜… II.①王…②张…③缪… III.①邮票—世界—图集②蜜蜂—基本知识 IV.①G262.2–64②S893

中国版本图书馆CIP数据核字(2016)第252981号

蜜蜂邮花
MIFENG YOUHUA

王荫长　张巍巍　缪晓青　著
策划编辑：梁　涛
责任编辑：梁　涛　版式设计：周　娟　刘　玲　廖明媛
责任校对：谢　芳　责任印制：赵　晟

*

重庆大学出版社出版发行
出版人：饶帮华
社址：重庆市沙坪坝区大学城西路21号
邮编：401331
电话：(023) 88617190　88617185（中小学）
传真：(023) 88617186　88617166
网址：http://www.cqup.com.cn
邮箱：fxk@cqup.com.cn（营销中心）
全国新华书店经销
重庆共创印务有限公司印刷

*

开本：720mm×960mm　1/16　印张：13.5　字数：203千
2016年12月第1版　2021年9月第2次印刷
印数：5 001—7 000
ISBN 978-7-5689-0237-3　定价：68.00元

序

　　余收到《蜜蜂邮花》稿，初以为乃邮票收集之小册，竟不想其立意新颖、涵盖广博，实是蜂业十分难得之瑰宝。遂感教授王荫长、张巍巍和缪晓青三人立志宏深，四十多年来用心之良苦也。邮之妙在于，其画美且点睛，其意明且独特，更难得的是日久益珍。邮票随有邮戳则更具收藏之价值，指捻忆事，妙不可言。再者，现代邮票中西通行，各地均售，虽异文异币，却心同神会，可谓雅俗共赏，中外皆宜。今集蜜蜂相关之邮票和邮品，所录之邮发行自 19 世纪至 21 世纪，跨度近 160 年有余，又按篇归整，循序有章，共计邮票近千枚，其意所以愈重，其价所以愈珍也。

　　书以邮为主引，辅之以文，细述蜜蜂种种；从古至今，囊括中西，可谓蜜蜂邮集之大成。蜂学至今，善著文者有之，善义理者有之，善作图者有之，而文艺相合者鲜矣。蜂采琼浆于花间，花色本鲜，故蜂与五色有缘，以蜂入画亦追其源，令人品其文似感花香入画，观其图犹见蜂飞于行。随文亦非俗品，深入浅出，究其源史，探其本意，论其机理，述其长短，又附以实事详解。好学者仔细品读，可深窥蜂学之含义；闲事者随意翻阅，亦是齿趣留香无穷。遂可知此书费荫长等人半生心血，余亦感其为蜂存邮，后世得以从邮见蜂业之兴，见蜂事之流转。故此书宜藏之，惜之，重之，可为一宝，亦可为一乐也！

福建农林大学蜂学老教授　龚一飞

丙申年元月（2016 年春）　于福建农林大学

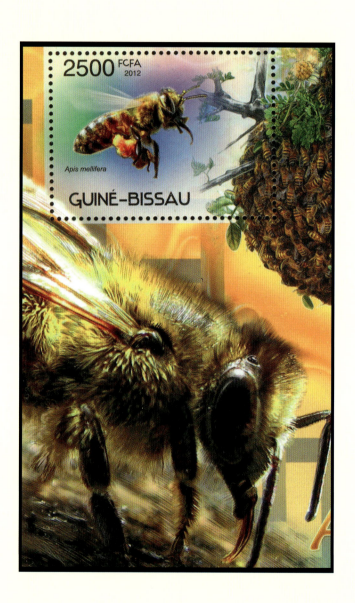

2500 FCFA
2012

Apis mellifera

GUINÉ-BISSAU

前　言

　　蜜蜂是典型的六足四翅昆虫，为昆虫纲中的最高级成员。蜜蜂的社会化程度极高，行为复杂而有趣，它们和鲜艳美丽、芳香四溢的花朵有十分微妙的关系。蜜蜂为植物花朵授粉，它们从中也获得丰厚的回报，花蜜和花粉就是植物送给蜜蜂的奖赏。蜜蜂有效地保护了植物的多样性和丰富度。人们世世代代辛勤劳作，丰衣足食，植物、动物能和人类和谐相处，有蜜蜂的一份功劳。

蜜蜂与花朵须臾不离

　　蜜蜂以群体协作的生存方式，在地球上获得了非凡的成就，有人称它们为超个体生物。一般生物体内的组织、器官，在蜂群中已经上升和

蜜蜂为花儿做媒

蜂蜜是花儿给蜜蜂的回报

分化为特定的个体。蜂王是蜂群之王，既是超个体的雌性生殖器官，也是蜂群产生凝聚力的中心。工蜂既是蜂群的营养器官，又具有运动、防御和排泄的功能。雄蜂虽然没有称王称霸的资格，但它是蜂王的配偶，没有它就没有成千上万的工蜂，就不能形成一个一个的蜂群，它的作用自然不能小觑。

蜜蜂能自己采集和加工食物，能分泌独特的激素和"保健品"，还能制造筑巢的原材料。在人们眼里，蜜蜂为自身生产的一切，都成了大自然对人类的恩施。人们年复一年从蜜蜂那里获取大量蜂蜜、王浆、花粉和蜂蜡。蜜蜂为农作物传粉，更是细雨润物，它们的存在，不占农田，却使农业增产，为我们能过上甜美生活不遗余力。

几千年前，我们的祖先就发现有组织的蜜蜂是人类可靠的朋友。在漫长的岁月里，他们从畏惧蜜蜂到亲近蜜蜂，从索取蜜蜂到依恋蜜蜂。养蜂人优选了许多蜜蜂品种，形成了一套成熟的养蜂技术，发掘了各种蜂产品。从此在地球上产生了一门独特的行业——养蜂业。养蜂使人类尝到了真正的甜头，使植物世界和人类文明都从中得到滋养。蜜蜂的无私奉献精神，已经转化为一种独特的文化。在人类浩瀚的文化之中，蜜蜂有时是神奇的主角，有时又是幕后的无名英雄。从亚里士多德到古罗马的诗人维吉尔，从分类学家林奈到波兰养蜂专家齐丛，他们从生产或文化的角度，记录过蜜蜂，歌颂过蜜蜂。一百年前，诺贝尔文学奖得主梅特林克和法国昆虫学家法布尔，在他们的著作中锤炼了许多激动人心的蜜蜂文化。他们不但看到了蜜蜂在生存竞争中残酷的一幕，也聆听了它们与自然和谐的乐章。我国古典诗词歌赋中，经常提到蜜蜂和蜂蜜。它们是文学艺术的添加剂和甜味剂，使作品更加富有韵味，让读者享受蜂韵蜜味。在民间，蜂和花的恋情，更让青年男女如痴如醉。如美丽动情的民歌所描绘的情景——"花儿不开蜂不来，阿妹等着阿哥来"。蜜蜂和蜂蜜的神奇，还通过舌尖传播到世界各地。多少先民和生活在山地的原住民，他们攀登悬崖绝壁，或爬上十几米高的大树采得野蜂巢蜜，品尝蜂蜜的滋味，笑逐颜开，真是妙不可言！

林奈

蜜蜂小型张的边纸上详细地介绍了林奈为蜜蜂定名和改名的情况

03

蜜蜂是邮票上最早出现的昆虫，1850年，新南威尔士发行悉尼风情邮票，那时就有了蜜蜂的身影。从此以后，一些国家开始发行蜜蜂和蜂巢的邮品。160多年来，蜜蜂成为邮票上亮相最多的一种动物。世界各地发行的蜜蜂和养蜂邮票如闪烁在夜空的繁星，时而隐身，时而耀眼，无论蝴蝶或甲虫，都不能与之相比。在方寸之中，饱含蜜蜂的知识和养蜂的技能，不仅是一部百看不厌的百科全书，而且是人们钟情蜜蜂的感情流露。

发现蜜蜂生殖秘密的波兰养蜂专家齐从。蜜蜂独特的生殖方式构成了它们社会生活的基础

随着世界养蜂事业的推进和邮政通信的发展，数码技术在摄影和印刷上的应用，使各国发行的蜜蜂与养蜂方面的邮票内容不断出新，形式也日趋多样化。许多国家利用小型张的边纸为蜜蜂推出特写镜头，对人

法国花园邮票小型张的边纸上，金光闪闪的蜜蜂，为美丽的花园增光添彩

们认识蜜蜂产生了前所未有的效果。

　　贴近老百姓生活的小型不干胶邮票，携带方便，内容丰富，深受民众欢迎。同时，象征蜂房的六角形邮票频频登场，它给集邮者一种新鲜感，给养蜂人一种亲切感。2011年，瑞士发行的六角形蜜蜂邮票，用14枚邮票构成一个小版票，宛如一方整整齐齐的蜂巢，既美丽又形象，让人爱不释手。2015年，英国发行蜂类邮票的小全张，6枚方形套票，还

瑞士发行的六角形蜜蜂小版票

乌干达发行的蜜蜂小型张，放大了蜜蜂的
细微结构

乌拉圭宣传养蜂的不干胶邮票

瑞典介绍蜜蜂与养蜂的不干胶邮票

英国的蜂类不干胶小本票

单独发行了充满英国风味的不干胶小本票。

2015 年法国发行的 10 枚六角形不干胶《蜜蜂的生活》邮票，其小本票设计非常奇特，图文并茂，构思新颖，既有小全张的特色，又有豪华小本票的味道。封面、封底不但有蜜蜂和蜂巢的图案，还扼要地介绍了全套邮票的内容，从蜜蜂生物学到养蜂和蜂产品收获，系统而详细，边纸上还有蜜蜂的外形和跳"8"字舞的工蜂，详尽的内容胜过一般邮折。法国小本票创新的形式和丰富的内涵，顿时让传统邮票枯木逢春，重现

不干胶小本票封面

蜜蜂的历史

蜜蜂的生活史

蜜蜂的生活

蜜蜂与人类

生机，让集邮者和养蜂人深深地爱上了它们，
并且看到了邮票的未来和希望。再细看小本
票中的 10 枚邮票，内容之丰富，风格之新潮，
实在令人大开眼界，拍案叫绝！

封底

蜜蜂的岩画与琥珀

蜂王、雄蜂与工蜂

交哺

蜜蜂的发育与变态

收获蜂蜜

授粉

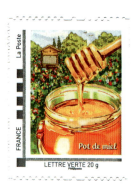

收获花粉

贮蜜罐

花中吸蜜

蜜蜂的保卫者

目 录

蜜蜂进入方寸静悄悄

—— 19 世纪的蜜蜂邮品

蜜蜂是与人类关系最为密切的昆虫，因此有关蜜蜂的邮票、邮品不仅数量较多，而且出现得非常早，早期的邮品如今已经难得一见了。

1. 蜜蜂邮票

（1）新南威尔士——世界最早的蜜蜂邮票

1850 年初，距离世界首枚邮票黑便士发行仅仅 10 年的时间，新南威尔士（现属澳大利亚）就发行了世界最早的有关蜜蜂的邮票——悉尼风情。该邮票全套 3 枚，图案大体相同，面值分别为 1 便士、2 便士和 3 便士（图 1.1）。从 1787—1868 年，超过 16 万的罪犯被判罚流放澳大利亚，其登陆地点就是现在的悉尼。这套邮票描绘了当时的场面，前景是坐着的产业女神和 3 名男女罪犯，远景则是高大的城堡和停泊的巨

图 1.1

图1.2

型帆船（图1.2，未采用印样）。产业女神的后方放着一个草编的蜂箱，表示自那时起，意大利蜜蜂就被带入澳大利亚，并成为重要的经济和食品来源之一。

（2）尼加拉瓜女神与蜂箱邮票

1891年，尼加拉瓜发行了一套10枚以收获女神为主图的邮票（图1.3）；另有无齿票，同一面值有不同刷色（图1.4）。本票雕刻版印刷，精美异常。在手捧鲜花的女神身后，有一个大型的用麻绳编织的蜂箱，

图1.3

图 1.4

用以象征富饶。本票另有用原票加盖蓝色、红色或黑色油墨，并有不同字体的"电报"字样的电报票存在（图 1.5）。同时发行的还有同样图案，但印刷较为粗糙的加盖"公事"字样的公事邮票，较为特殊的是，所有公事邮票的加盖原票均为绿色（图 1.6）。

图 1.5

图 1.6

1894 年，尼加拉瓜再次发行胜利女神图案邮票一套 10 枚（图 1.7），但有一枚黄绿色 25 分未发行票（图 1.8）。票幅较小，其图案设计与 1891 年胜利女神非常近似，只是将手捧鲜花改为手举橄榄枝编织的花环，身后的蜂箱几乎没有变化。看来无论收获还是胜利，养蜂业在当时都是

图 1.7

非常重要的支柱产业。本套邮票共有 3 次印刷，只有第一次有明确的邮
政使用记录。这套邮票依然有加盖"公事"字样的公事邮票，其中与普
通邮票相同的 10 种面值均为橙黄色印刷（图 1.9）；未发行的黄绿色 25
分票也同时被加盖作公事邮票使用。加盖"电报"字样的电报票也同时
发行（图 1.10）。

图 1.8

图 1.9

图 1.10

（3）美国地方邮政发行的蜂箱邮票

在美国地方邮票的发行史上，曾有过 2 次蜜蜂邮票的记录。1862 年芝加哥便士邮政（Chicago Penny Post）的邮票（图 1.11）采用了麻绳蜂箱的图案，这枚邮票的图案至今还用作芝加哥集邮学会的会徽（图 1.12）。

1846 年纽约杜佩和申克便士邮政（Dupuy & Schenck Penny Post）发行了图案为蜂箱的地方邮票，1848 年再次重印，其图案完全相同，只是用纸不同（图 1.13）。

图 1.11

图 1.12

图 1.13

（4）俄国乡村邮票

19 世纪的沙俄皇家邮政，其运营范围仅限于城市，广大农村地区邮政都无法到达。在这种情况下，俄国的诸多地方自治组织（Zemstovo）发行了自己地区使用的乡村邮票，这些邮票的发行起于 1865 年，在

1917 年俄国十月革命期间停止使用。据统计，在此期间有 36 个地方自治组织在 371 个地区发行了 3 000 种以上的地方乡村邮票，数量惊人，其中一些很难收集。绝大多数邮票的图案都是各地政府的纹章，其中有 6 个地区发行的邮票中，纹章内带有蜂箱图案。说明在很多地区，养蜂是当地民众生活和经济的重要支柱。

1870—1882 年，塔里克省（Tavric）的别尔江斯克（Berdyansk）（图 1.14）发行了 2 套 3 枚带有蜂箱图案的邮票，其图案基本相同。

1870—1872 年，坦波夫省（Tambov）的坦波夫（Tambov）发行了 3 枚邮票，均带有蜂箱纹章图案（图 1.15）。

1871—1916 年，坦波夫省的格扎茨克（Shatsk）发行了 24 枚邮票，其中 1884—1888 年的 4 枚邮票图案是极为简单的弧形线条，其余 20 枚均带有蜂箱纹章图案，虽然纹章样式基本相同，但边框设计各异（图 1.16）。

图 1.14

图 1.15

图 1.16

图 1.17

图 1.18

图 1.19

　　1872—1880 年，坦波夫省的鲍里索格列布斯克（Borisoglyebsk）发行了 4 套 10 枚圆形邮票，其形状特殊，纹章图案压印而成（图 1.17），在俄国乡村邮政邮票中独树一帜。这 10 枚邮票图案基本相同，其纸质和刷色略有不同。

　　1875—1904 年，坦波夫省的莫尔尚斯克（Morshansk）发行了 20 套 31 枚邮票（图 1.18），这些邮票的设计由简至繁，最后几套的精美程度已经堪比同时期的沙俄皇家邮政邮票了。

　　1889—1898 年，别利姆省（Perm）的奥萨（Osa）发行了 14 套 25 枚带有蜂箱图案的邮票，图案略有变化，而在此之后发行的 5 套邮票则去掉了蜂巢图案（图 1.19）。

（5）德国私人邮政蜜蜂和蜂箱邮票

1887 年，德国埃森（Essen）私人城市邮政发行了 1 套 4 枚邮票，该邮票图案为一个骑着蜜蜂送信的小邮差（图 1.20）。此票除用纸和齿孔度数略有不同外，另有无齿票存在（图 1.21）。

图 1.20

图 1.21

1887 年 12 月至 1888 年 2 月发行了在 1887 年蜜蜂邮票上加盖新面值的加盖票，将面值 5 芬尼和 10 芬尼的邮票改作 2 芬尼和 3 芬尼的低面值（图 1.22）。其加盖字体略有不同，并有倒盖的情况（图 1.23）。

图 1.22

图 1.23

　　德累斯顿汉莎交通管理局(Dresdner - Verkehrs - Anstalt Hansa)在
1889—1900 年发行了多枚蜂箱图案的邮票。

　　1889 年 2 月发行 4 芬尼和 15 芬尼蜂箱图案邮票 2 枚，1890 年 4
月增加发行面值 2 芬尼、3 芬尼（橙黄色）和 3 芬尼（蓝色）邮票 3 枚（图
1.24）。1890—1891 年，再次发行蜂箱图案邮票 1 组 4 枚，面值分别为：
2 分尼、3 分尼、5 分尼和 10 分尼。

图 1.24

　　1891 年发行在 15 芬尼邮票上加盖 5 芬尼的邮票，并有 4 种不同的
加盖字体；1892 年，发行在 5 芬尼邮票上加盖 3 芬尼的邮票，根据字体
的不同，共有 6 种。

　　1893 年，德累斯顿汉莎交通管理局与莱比锡快递(Zusammenarbeit
mit dem Leipziger Courier）合作成为新的德累斯顿地方邮政，但邮票
铭记并未改变。

　　新的德累斯顿地方邮政在 1894—1900 年发行并使用 2 芬尼、3 芬尼、
5 芬尼和 10 芬尼蜂箱图案邮票，其刷色深浅多有不同（图 1.25）。

图 1.25

以上这些邮票大多有无齿票存在。

博肯海默（Bockenheim）私人邮政于 1890 年 11 月发行了 1 枚 2 芬尼邮票，主图为草绳编织的蜂箱，砖红色（图 1.26）。1892 年相同图案和面值的邮票再次发行，但刷色改为紫色、玫瑰红、蓝绿和蓝色（图 1.27）。

1896 年重新设计的邮票再次发行，面值依然为 2 芬尼，但其图案作了少许变动，例如，蜂箱的形状更加高耸、两个上角的细节有所不同等，刷色为紫色，但因印刷批次的不同，有明显的色差（图 1.28）。另外，有在下边纸上加盖 "10 芬尼" 的邮票存在，较为罕见。

图 1.26   图 1.27   图 1.28

亚琛（Aachen）城市邮政于 1894 年 12 月 5 日发行首套邮票，主图为草绳编织的蜂箱，与德累斯顿汉莎交通管理局地方邮政 1889 年开始发行的蜂箱邮票图案基本一致，铭记不同，共计 4 枚，面值分别为 2 芬尼、3 芬尼、5 芬尼和 10 芬尼（图 1.29），其中 3 芬尼为橙色。1895 年又发行了 1 枚黑色的 3 芬尼邮票。

图 1.29

1895年发行了加盖在5芬尼和10芬尼邮票上的3芬尼邮票，该加盖票又分两组，其中一组在加盖面值旁带有叶片状的花纹；1896年1月发行在5芬尼邮票上加盖2芬尼的邮票，同年4月发行加盖在5芬尼邮票上的3芬尼邮票，同时带有一个大写字母"D"（图1.30）。

图1.30

（6）法国电报邮票中的蜜蜂

法国1868年曾经发行首套4枚的电报邮票，图案相同，面值不同，并有齿孔和无齿孔之分（图1.31）。这些邮票是贴在电报单上投递给收报人的。邮票中间是一只老鹰的图案，上边的两个角分别有一只小蜜蜂的装饰图案。

图1.31

（7）危地马拉收获女神税票

1889—1890年，危地马拉发行了1套6枚以收获女神为主图的税票（图1.32、图1.33无齿印样），其主图除国徽以外，几乎与1891年尼加拉瓜收获女神邮票相同，只是边框与票幅各异。

图1.32

图 1.33

2. 蜜蜂邮政用品

（1）芬兰首枚邮资封上的罕见蜂箱水印

芬兰在继英国 1840 年发行马尔雷迪邮资信封和邮简之后，成了世界上第二个发行邮政用品的国家，也是首先发行邮资信封，后发行邮票的国家。1845 年 1 月 1 日发行的这种其貌不扬的邮资封，仅仅是在空白信封的左下角印上了一个邮政的徽志，与专题集邮其实关系并不大。但是，人们惊奇地发现，极少数用荷兰造纸厂出产的纸制作的信封中（多数信封的用纸为德国生产），竟然带有蜂箱图案的造纸厂水印（图 1.34）。

图 1.34

（2）尼加拉瓜收获女神与蜂箱邮政用品

1894 年，尼加拉瓜邮政发行了与胜利女神邮票相同邮资图的明信片2 枚（图 1.35），且同时各有邮资双片 1 枚（图 1.36）。为配合 1891年和 1894 年邮票的发行，尼加拉瓜邮政同时发行了邮资信封各 5 枚（图1.37、图 1.38），邮资包封纸各 3 枚（图 1.39）。

图 1.35

图 1.36   图 1.37

图 1.38   图 1.39

（3）德国蜂箱图私人邮政用品

亚琛（Aachen）私人邮政于 1894 年 12 月 5 日发行邮资片 1 种，1895 年发行第 2 种，版式不同，邮资图与私人邮政邮票相同，面值 3 芬尼。此外，另有私人订购广告片 4 种。

1894 年 12 月发行邮资信卡 1 种，面值 4 芬尼，其邮资图与明信片邮资图相同。

博肯海默（Bockenheim）私人邮政在 1890 年、1895 年、1898 年和 1900 年各有 1 种 2 芬尼面值邮资片发行，邮资图与其邮票图案基本相同。1894 年有 3 种手工加盖邮资图的 2 芬尼面值邮资片发行。1898 年则有另一种发行。1892 年则发行了 1 种私人订购的广告邮资片。

1891—1896 年发行了 2 芬尼邮资信封 5 枚，邮资图均为手工加盖，其规格各不相同；其间另有私人订购邮资封 3 种。

图 1.40

德累斯顿汉莎交通管理局（Dresdner - Verkehrs - Anstalt Hansa）于 1888 年 10 月开始发行第 1 种蜂箱图案邮资图的邮资片，2 芬尼面值（图 1.40）。

1889 年发行了 2 种纪念版本邮资片，图案非常精美（图 1.41）。

图 1.41

　　德累斯顿汉莎交通管理局私人定制的该邮资图邮资片共有 5 种，均较为少见。

　　第 2 种蜂箱邮资图的邮政用品自 1889 年开始发行，分 2 芬尼和 3 芬尼面值，各有 2 种主要版式，其中刷色和版别种类繁多，令人目不暇接。

　　第 1 种版式，面值 2 芬尼的明信片，1889—1896 年，共发行 8 种，刷色各异（图 1.42）。

　　1894 年发行 4 种在莱比锡私人邮政邮资片上用深色油墨加印完整德累斯顿汉莎交通管理局邮资片格式（含邮资图）的明信片，其中 3 种邮资图为蜂箱，面值仍为 2 芬尼（图 1.43）。

图 1.42

图 1.43

　　以 1889 年版邮资片为蓝本的私人订购明信片共发行 10 种，其中有两三种是以双明信片的形式出现的，而另外一两种则带有无面值的与明信片相同大小的副片，还有 3 种则是用加盖明信片加印而成的（图 1.44）。

图 1.44

1895 年，第 2 种版式的面值 2 芬尼相同邮资图的邮资片正式发行，蓝色（图 1.45）。

根据 1895 年版式邮资片定制的私人加印邮资片，按照版别的不同就可分成 25 种，如果以广告或公司种类计算，则难以计数（图 1.46）。这其中也有部分为双明信片形式，同时也有带无面值附片的形式存在。

第 1 种版式，面值 3 芬尼的邮资明信片也是从 1889 年 9 月开始发行，至 1893 年，共计发行 9 种，版别和刷色有所不同（图 1.47），其中部分为双明信片形式。

面值 3 芬尼的第 2 种版式明信片于 1895 年发行（图 1.48），共计 5 种，其中 3 种为双明信片。

图 1.45

图 1.46

图 1.47

图 1.48

　　面值3芬尼的2种版式邮资明信片均有私人订购者存世。按照版别的不同可分为9种，如果以广告或公司种类计算，则更加多样化。其中个别的还加盖2芬尼面值。

　　此外，1889年9月至1898年4月发行了带有各种纪念、人物图案的精美邮资片共11种（图1.49）。

图 1.49

　　德累斯顿汉莎交通管理局带有蜂箱图案邮资图的邮资信卡自1888年至1895年共发行7种，其中第1种邮资图为3芬尼面值，共3种；第2种邮资图则有3芬尼和4芬尼面值，各2种（图1.50）。

图 1.50

德累斯顿汉莎交通管理局第 1 种邮资图的邮资包封纸于 1889 年发行，面值 2 芬尼，仅以私人定制形式出现，共计 2 种；而第 2 种邮资图的邮资包封纸于 1890 年发行，共计 5 种，另有私人定制 4 种版式，如以广告或公司种类计算，则更加多样。

德累斯顿汉莎交通管理局第 1 种邮资图的邮资封于 1888 年发行，全套 5 枚，面值 2 芬尼 3 枚，刷色不同，面值 3 芬尼 2 枚，规格不同（图 1.51）。另有私人定制 5 种版式或规格，如以广告或公司种类计算，则花样更加繁多。

第 2 种邮资图的邮资封于 1889 年发行，面值 2 芬尼，根据刷色和规格，分为 5 种（图 1.52）。另有一种在莱比锡私人邮政邮资封上用深色油墨加印完整德累斯顿汉莎交通管理局邮资图的邮资封，面值仍为 2 芬尼（图 1.53）。2 芬尼面值邮资封，另有私人定制 5 种版式或规格，如以广告或公司种类计算，则种类极为多样，数不胜数。也有个别 2 芬尼面值私人定制邮资封加盖 3 芬尼。

面值 3 芬尼的第 2 种邮资图案邮资封于 1895 年发行，根据刷色和规格的不同，共 2 组，12 枚（图 1.54）。3 芬尼面值邮资封，另有私人定制 8 种版式或规格，如以广告或公司种类计算，则种类极为多样，数不胜数（图 1.55）。3 芬尼面值私人订购邮资封，有相当数量被加字改

图 1.51　　　　　　　　图 1.52　　　　　　　　图 1.53

图 1.54　　　　　　　　图 1.55

值作为2芬尼面值使用。根据加盖面值"2"字体的不同，有8种之多，如果算上信封规格、刷色及广告、公司名称的差异，则很难统计。

图1.56

德累斯顿汉莎交通管理局另外有一种面值3芬尼、刷色为红色的特殊邮资图的邮资封，发行年份不详，十分罕见（图1.56）。

（4）印度瑟摩尔邦（Sirmor state）蜂箱纹章邮资片

1899年，印度瑟摩尔邦发行了1枚邮资明信片（图1.57），在大型的土邦纹章中，有一幅麻绳编织的蜂箱图案。这枚明信片被发现曾用作税票在单据上贴用，并采用打孔的方法证明其已经使用（图1.58）。

图1.57

图1.58

3. 蜜蜂邮戳

（1）美国蜜蜂图花式邮戳

美国的花式邮戳起源于1860年，其实就是一种销票戳。当年，邮政日戳并不作为盖销邮票使用，而是使用其他的戳记，甚至手工钢笔划销。后来美国邮政允许地方邮局采取各自的方式来盖销邮票，由此产生了花式邮戳，出现了许多富有创意的销戳图案。其中一些带有奇特的专题图案，如大象、蜜蜂、快跑小鸡、叼烟斗的男人、消防队员头像等。到了1890

年，美国邮政对盖销邮票出台了新规定，花式邮戳才停止了使用。这一时期的花式邮戳用软木刻成，极易损坏，因此存世稀少，是难得的邮政历史和专题集邮藏品。这里展示了目前已知的所有蜜蜂图案的花式邮戳，共 13 种（图 1.59）。

1861 年,使用邮局不详

1869 年,威斯康星州的 Troy 邮局使用

1861 年,纽约邮局使用

1869 年,密歇根州的 Adrian 邮局使用

1873 年,纽约州的 So. Orange 邮局使用

1869 年,纽约州的 Canastota 邮局使用

1861 年,纽约邮局使用

1869 年,康涅狄格州的 Waterbury 邮局使用

1869 年,康涅狄格州的 Waterbury 邮局使用

(a)

1861 年，纽约邮局使用　　1873 年，康涅狄格州的　　1869 年，康涅狄格州的
　　　　　　　　　　　　Waterbury 邮局使用　　Waterbury 邮局使用

1869 年，康涅狄格州的 Waterbury 邮局使用　　加盖 Waterbury 大型蜜蜂
　　　　　　　　　　　　　　　　　　　　　　花式邮戳的旧票

1869 年加盖 Waterbury 小型
蜜蜂花式邮戳的实寄封

(b)

图 1.59

（2）巴西花式邮戳

　　除美国外，很少有国家使用类似的花式邮戳，但集邮者还是发现了巴西曾在 1866 年使用过一种蜜蜂图案的花式邮戳（图 1.60），但具体使用情况尚待研究。

图 1.60

穿越时空话蜜蜂

> 人类何时开始养蜂，并没有文字记录，因为我们的祖先在有文字之前就已经接触蜜蜂了，流传至今只有娓娓动听的传说和故事。

1. 传说与神话

在希腊神话中，人类的养蜂技艺是由神指导的。阿里泰俄斯就是发现蜂蜜和教人养蜂的神，法国雕塑家包西奥曾经为他造像，在1948年摩纳哥发行的邮票中，能够见到这位英俊壮实的蜂神（图2.1）。神话中还有位美丽的丰收女神叫得墨忒尔，她是管理养蜂事业的神，人们经常用牛羊和蜂巢来祭祀她，希望她恩施更多的蜂蜜，带来五谷丰登。19世纪后期，尼加拉瓜发行的邮票和邮资明信片上，屡屡出现得墨忒尔形象。她身边经常有蜜蜂和蜂巢，可见她与养蜂的关系密切而且深远（图2.2）。

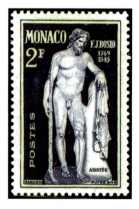

图 2.1

图 2.2

　　古老的《圣经》有这样的记载（图 2.3）：上帝在创世的第 6 天，创造了地球上的一切昆虫，自然包括蜜蜂（图 2.4）。1983 年格林纳达为纪念画家拉斐尔诞生 500 周年发行了邮票，拉斐尔在教堂穹顶上创作了《创世记》油画。我们抬头仰望，就能依稀看到小小蜜蜂也在万物之中（图 2.4）。拉斐尔深深知道蜜蜂在上帝心中的位置，它们个体虽然很小，但在哪里都少不了它们（图 2.5，局部放大）。因此，让蜜蜂飞舞是理所当然。

图 2.4

图 2.3

图 2.5

　　1983 年以色列发行了蜜蜂邮票，邮票下面写道："流淌牛奶和蜂蜜的地方"（图 2.6）。这句古老的谚语也出自《圣经》，意思是：上帝看重古代迦南这个地方，施予摩西的子孙无穷无尽的牛奶和蜂蜜。

图 2.6

2. 历史的记录

　　1982年南非发行古生物邮票，复原了二叠纪干燥台地出土的化石，反映出3亿年前当地昆虫已经相当繁荣，石蛾、蜻蜓、甲虫等与霸王龙生活在一起，其中也有一种蜂类，说明膜翅目昆虫在当时已经出现了（图2.7）。1998年黎巴嫩发行的昆虫琥珀化石邮票上（图2.8）勾画了这样一个故事：在贝鲁特美国大学里任教的安卡拉教授和他的儿子，从1963年就开始研究昆虫琥珀，经过长年累月的工作，他们发掘和收集到了3000多块包埋昆虫的琥珀，其中也有一些是蜜蜂，形成时间在白垩纪。当时黎巴嫩还是冈瓦纳大陆的一部分，那里的气候温暖湿润，显花植物和蜜蜂几乎同时出现，后来有几头蜜蜂被埋入琥珀里，一直保存至今，已经历时1亿3千多万年。安卡拉教授进行了深入细致的研究，经过分析，发现这些蜜蜂还具有马蜂的特点，在1996年被定名为米氏古蜜蜂（*Libanobythus milkii*）。说明蜜蜂的祖先是由肉食性的长节蜂进化而来的，这是有关昆虫进化和蜜蜂起源的重大发现，因此，它幸运地进入黎巴嫩邮票。后来蜜蜂一直在地中海沿岸繁衍和进化。100多万年前，波罗的海沿岸到处有膜翅目昆虫，它们频繁活动在松树林里，当流淌在树干上的松脂包埋它们之后，就成了琥珀，流落到现在，成为与玛瑙、钻石一样的时尚饰物。2015年法国蜜蜂不干胶小本票的首枚邮票上就有蜜蜂琥珀（图2.9），它的右边是采蜂蜜的姑娘，原图来自西班牙（图2.10）。

图 2.7

图 2.8

图 2.9

图 2.10

在西班牙巴伦西亚比科普，有个阿尔塔米拉洞窟，洞内有 7 000 年前古人用红石粉绘制的岩画，记录了他们采蜂蜜的情景。一位攀绳提桶的女子正在靠近蜂巢，看上去她技术娴熟，蜜蜂在她身后飞舞也毫无顾忌。1975 年西班牙发行的"绘画"邮票中复制了这幅无名氏的珍稀岩画（图2.10）。岩画告诉我们，早在欧洲的中石器时代，人类已经进入了采集野生蜂蜜的时期。

古代埃及是开发蜜蜂和利用蜂产品很早的国家。在4 500 年前，埃及太阳神庙石墙上保留着饲养蜜蜂和提取蜂蜜的绘画。 1972 年为纪念发现图坦卡蒙法老墓 50周年，英国发行了 1 枚邮票，邮票上有手执鱼叉的年轻法老，身后墓壁上有 2 只蜜蜂的象形文字（图 2.11）。

图 2.11

1925 年，埃及王国发行国际地理学会邮票，邮票上也有蜜蜂的象形

文字（图2.12）。1820年法国考古专家商博良（图2.13）破解了埃及的象形文字，人们对法老墓中出现的蜜蜂图形不再是一头雾水。蜜蜂图形不但在古埃及文字中有它的本意，而且在王名圈上它曾经代表上埃及和合并后的上下埃及的法老。蜜蜂这个词还转化成经常使用的表音文字，引申为"存在"的意思。因此，蜜蜂图形频频出现在法老的坟墓中，就不足为奇了（图2.14、图2.15）。

图2.13

图2.12

图2.14

图2.15

公元前 300 多年，希腊学者亚里士多德（图 2.16）对动物和昆虫分类有过开创性的研究。他对蜜蜂作过细致的观察，并有精辟的见解。他重视实际，与导师柏拉图经常开展争论。在 1978 年希腊发行的亚里士多德邮票上，可以从拉斐尔的名画《雅典学院》中领略他们论天说地的风采（图 2.17）。亚里士多德推翻了蜜蜂出自祭祀蜂神阿里泰俄斯的牛尸中的谬论。他还研究过养蜂技术，提出防止分蜂的办法，也研究过蜂胶的疗效。

2 000 多年前古罗马诗人维吉尔（图 2.18）在他的农事诗中，将养蜂的事编成诗歌来传唱，从选择养蜂地点到收获蜂蜜，说得娓娓动听，十分细腻。这是世界上最古老的养蜂科普教材。

图 2.16   图 2.17   图 2.18

1819 年几箱意大利蜜蜂被运进澳大利亚的悉尼港，养蜂逐渐成为当地一道独有的风景线。1850 年新南威尔士发行了描写悉尼风情的邮票（图 2.19），画面上有产业女神和蜂箱，还有几只小蜜蜂在飞舞，反映大洋洲养蜂开始起步，这就是世界上最早的养蜂邮票。100 年后，澳大利亚邮政部门复制了 2 枚早期邮票，一枚是维多利亚女王，另一枚便是"产业女神与养蜂"（图 2.20）。1984 年为纪念在墨尔本举行的世界邮展，

澳大利亚邮政部门发行了一套票中票，也收入了 1850 年的"养蜂"邮票。当年邮票上的几只小蜜蜂成了人们心中挥之不去的记忆（图 2.21）。

图 2.19　　　　　　图 2.20　　　　　　图 2.21

3. 中国史料上记载的蜜蜂

图 2.22

中国的文字起源于 3 000 多年前殷商时期的甲骨文（图 2.22），据昆虫学家周尧的研究，在甲骨文中有大量"蜂"字，还有"蜂大集"的卜辞，说明我们的祖先在当时已经开始养蜂。在《周礼》上有吃蜂蜜和蜂子（蜜蜂幼虫）的记载（图 2.23）。到了明代，李时珍（图 2.24）的《本草纲目》、宋应星（图 2.25）的《天工开物》和徐光启（图 2.26）的《农政全书》等著作中，对蜜蜂的形态和生物学开始有所描述，并总结了一些养蜂和利用蜂产品的技术和经验。特别是徐光启，他在学习意大利等国的科学技术方面有独到的贡献。他在《农政全书》中对蜜蜂的研究成为我国现代养蜂业的发轫。19 世纪末，西方蜜蜂和养蜂著作开始传入我国，20 世纪初我国引进意大利蜂，现代养蜂业才正式起步。

图 2.23

图 2.24

图 2.25

图 2.26

蜜蜂的种类繁多

人们开始养蜂以后，自然界中一部分蜜蜂逐渐成为我们家养的品种。由于当初来源不同，以及日后的环境差异，现在饲养的蜜蜂品种因地而异，各有千秋。它们是地球上宝贵的生命资源，是我们家养动物中个体最小、数量最多的成员。

1. 蜜蜂学名的来历

1758 年，林奈为动植物命名创立了双名法（图 3.1）。他对动物进行了比较系统和科学的分类，给蜜蜂定为膜翅目蜜蜂属昆虫，拉丁文学名是 *Apis mellifera*，意思是采蜜的蜂（图 3.2）。1861 年又将它改为 *Apis mellifica*，他想突出蜜蜂会"酿蜜"的本领（图 3.3）。但是，根据《国际动物命名法》规则，分类学家和学术界只承认最先给出的名字。在 2014 年乌干达发行的蜂类小型张的边纸上，就林奈为蜜蜂定名的事

图 3.1

图 3.2

图 3.3

有详细的记载（图 3.4）。现在这两个拉丁学名都有人在使用，在邮票上也是这样，显得有点混乱。能产蜜的蜂很多，经过几千年的人工饲养、杂交和选择，繁衍出来的种类很多，让人眼花缭乱，统统称为蜜蜂。如今各地把林奈给蜜蜂的拉丁学名限定于一个种，在我国称它为西方蜜蜂。

图 3.4

2. 西方蜜蜂 *Apis mellifera*

西方蜜蜂原产于地中海沿岸的西亚、北非和欧洲。在自然状态下，它们自由自在地在岩洞中筑巢，每个巢大多有 3 个相互平行的巢脾。它的体表和绒毛的颜色变化很多，因生活环境不同而异，从黑褐色到黄色都有，它们的性格也有各种变化，由此分出许多亚种。

2012 年几内亚比绍发行的蜜蜂小型张边纸上，可以见到西方蜜蜂工蜂头部的特写镜头，头胸部有密集的绒毛，两边有肾形的大复眼，以上颚为主体的口器，还有长达 6 mm 的喙，使它们有咀嚼和吮吸两种功能。后足上的花粉篮由致密的刚毛组成，能将采集到的花粉聚在后足上，形成一个硕大无比的花粉团（图 3.5、图 3.7）。

同年布隆迪也发行了蜜蜂邮票，在小型张边纸上能见到西方蜜蜂工蜂的全貌，还有内部解剖图，蜜蜂体内的脑、消化道、气囊都清晰可见（图

3.6、图 3.8）。

西方蜜蜂已经遍布各地，虽然亚种很多，但出现在各国邮票上的，占绝对优势的都是意大利亚种，它的身影如今已成为蜜蜂的灵魂和象征。

图 3.5

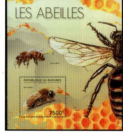

图 3.6

图 3.7

图 3.8

（1）意大利蜂

意大利亚种（*Apis mellifera ligustica*），最初来自亚平宁半岛。蜂王体色为黄色到浅棕色，雄蜂金黄色，腹部有黑斑。工蜂体长 12~13 mm，喙长超过 6 mm。它们长期生活在冬季温暖潮湿、夏季干旱炎热的地方，养成了耐热不耐寒的特性。从 19 世纪中叶开始，它们越过阿尔卑斯山，进入欧洲北部，后来又输入美国，1884 年进入澳大利亚，1913 年后两次来到中国，至今已经遍布世界各地，并且逐渐适应了各地的气候。它们的优势是产卵量大，产蜜量高，经济价值高，深受养蜂人的喜欢。在和别的蜂种竞争中，它们有几分霸气，不断排斥当地蜂种而称霸一方。在 2008 年皮特卡恩群岛的"花和蜂"邮票上，有写明学名的意大利蜂，它们在花前飞舞、采蜜，姿态十分潇洒（图 3.9—图 3.12）。在 2010 年罗马尼亚的蜜蜂邮票上，意大利蜂作为西方蜜蜂的亚种，位居四大亚种之首（图 3.13）。

图 3.9

图 3.10

图 3.11

图 3.12

图 3.13

（2）卡尼鄂拉蜂

卡尼鄂拉蜂（*Apis mellifera carnica*），原产于阿尔卑斯山南部到巴尔干半岛北部一带，能耐漫长的冬寒，善于在早春稀少的花丛里忙碌，也喜欢在温凉的夏季劳作。体色较黑，绒毛多呈棕灰色。雄蜂为黑色或灰色。个体大小与意大利蜂相似。性格比较温和，采集力很强，产卵力较弱。产蜜能力超过意大利蜂，但产王浆的能力较弱。春季里，它们充分利用自然资源，巨大的繁殖力使蜂群迅速扩大；到了秋季，它们又收缩规模，节约食料，安然过冬。它们现在已经成为世界上第二大蜂种。在我国家养的蜂群中，卡尼鄂拉蜂约占一成。

2001 年斯洛文尼亚小型张上有卡尼鄂拉蜂的蜂王和工蜂（图 3.14）。2010 年罗马尼亚的邮票上（图 3.15），也有卡尼鄂拉蜂。

图 3.14

图 3.15

（3）高加索蜂

高加索蜂（*Apis mellifera caucasica*），原产于高加索中部，分布于格鲁吉亚、阿塞拜疆和亚美尼亚一带，适合在冬季温和、夏季多雨炎热的地区生活。体色较黑，绒毛呈浅灰色。工蜂体长 12~13 mm，喙长 7 mm 左右。工蜂第一腹节背面有棕色斑点。性情比较温顺，蜂王产卵力不强，但工蜂善于培育幼蜂，在百花盛开的季节里，蜂群能稳步扩大。工蜂有很强的采胶力，而且不常分蜂，因此蜂群的势态很稳定。高加索峰较长的喙，能深入豆科植物的花冠中采蜜，可惜产蜜量并不很高，因此目前饲养的蜂群不多。

在 2005 年阿塞拜疆的邮票上（图 3.16）与 2010 年罗马尼亚的邮票上（图 3.17），都能见到高加索蜂。

图 3.16

图 3.17

（4）喀尔巴阡蜂和黑蜂

喀尔巴阡蜂（*Apis mellifera carpatica*）是欧洲黑蜂的一个杂交后代。欧洲黑蜂（*A. mellifera mellifera*）是西方蜜蜂的指名亚种，原产于阿尔卑斯山以西和以北的欧洲广大地区，个体较大，体近黑色，工蜂长 12~15 mm，腹部粗壮，第 2，3 节有黄棕色斑。由于它们性情凶暴，不易饲养，在许多地方有它们的后代，大多是经过杂交的。因此，有人认为喀尔巴阡蜂还不是独立的亚种，只是卡尼颚拉蜂的一个生态型而已。至今在罗马尼亚饲养的大多是喀尔巴阡蜂，那里有 10 多个蜂王繁育场，专门通过养蜂协会给各地蜂农供应蜂王，保证了蜂种的纯洁。

喀尔巴阡蜂最早出现在 1963 年的罗马尼亚养蚕和养蜂邮票上，蜜蜂形象是图案化的（图 3.18）。在 1987 年的罗马尼亚的养蜂邮票上，介绍的也是喀尔巴阡蜂。在 2010 年罗马尼亚发行的蜜蜂邮票上，也可以看到喀尔巴阡蜂靓丽的形态和外貌（图 3.19）。

图 3.18

图 3.19

黑蜂在 19 世纪初由俄国传入我国新疆和东北地区，曾经在黑龙江一个火车站附近大量饲养过，这个火车站后来就被命名为蜜蜂站，即现在尚志县的蜜蜂乡（图 3.20，蜜蜂乡邮戳）。多少年来几经杂交改良，已经掺进了意大利蜂的基因，成为独特的东北黑蜂。如今数量已经不多，成了我国的保护蜂种。

图 3.20

（5）东非蜂

图 3.21

东非蜂（*Apis mellifer scutellata*），分布于中非、东非的大草原和南非的部分地区。大多喜欢在洞穴里或露天营巢，有随季节迁徙的习性，而且经常分蜂，野生习性很明显，因此经济价值不高。在 20 世纪 60 年代被引进巴西，该国有意改良当地蜂种，不料从实验室逃走几只，在自然界出现了十分凶猛的后代。到 20 世纪末，美洲各地的蜂种普遍接受了东非蜂的基因，自然而然地改良了当地蜂种。

2004 年纳米比亚专门为东非蜂发行邮票，可以看到东非蜂在雏菊和芦荟等植物上访花采蜜的情景（图 3.21—图 3.25）。2007 年莫桑比

克的邮票上也出现了东非蜂，显示出东非蜂发达的上颚和螫针（参见图
5.28）。2011 年布隆迪的蜂类小型张上，有东非蜂采蜜和飞行的姿态（图
3.26）。2012 年塞拉利昂的邮票上，有东非蜂"怒发冲冠"地飞向花朵
的情景（图 3.27）。

图 3.22

图 3.23

图 3.24

图 3.25

图 3.26

图 3.27

图 3.28

（6）西非蜂

西非亚种（*Apis mellifera adansonii*）与东非亚种非常相似，有人认为它们俩原本就是一个亚种。西非峰分布在西非一带，生活能力极强，产蜜量比较高。

1997 年马里的邮票上有西非蜂（图3.28）。

（7）乞力马扎罗蜂

乞力马扎罗蜂（*Apis mellifera monticola*）是西方蜜蜂在非洲东部的另一个亚种，1951 年由史密斯给它们鉴定和定名，现今生活在肯尼亚和坦桑尼亚的埃尔贡山、乞力马扎罗山和梅鲁山等海拔 1 500 ～ 3 100 m 的寒冷地区。乞力马扎罗蜂体色较黑，能耐寒冷，民间饲养较少。 2011 年中非发行的养蜂专家赖利（ C. V. Riley）的邮票上，以及法布尔的小型张边纸上，都可以看到乞力马扎罗蜂，其中有工蜂、雄蜂和蜂王(图3.29、图3.30)。

图 3.29

图 3.30

（8）突尼斯蜂

突尼斯蜂(*Apis mellifera intermissa*)分布在非洲撒哈拉沙漠以北地区，即从利比亚到摩洛哥的大西洋沿岸地区，与撒哈拉蜜蜂和西班牙蜜蜂相似。蜂体色较黑，绒毛稀疏，能耐北非严酷的气候条件。遇到干旱年份，

蜂群可能会大批死亡，但它们能通过分蜂化整为零，大量构筑王台，迅速培育出多个新蜂王，在短期内恢复种群数量，从而使它们在恶劣的环境下能长期稳居不败之地。但不耐寒冷的特性限制了它们向欧洲拓展地盘。

图 3.31

在突尼斯邮票上有这种独特的突尼斯蜂（图 3.31）。

3. 东方蜜蜂

东方蜜蜂（*Apis cerana*）和西方蜜蜂同属不同种，是林奈为西方蜜蜂定名后 38 年，由他的学生法布里修斯（J.C. Fabricius 1744—1808）定名的（图 3.32 边纸）。

东方蜜蜂起源于南亚次大陆，千万年来已经广泛分布在从中亚到东亚，从南亚、东南亚到东北亚的巨大空间内，内有许多亲缘相近的种和亚种。许多种在我国云南、广西一带都能见到。它们为维护生态平衡，为维系农业生产和人类健康作出了巨大贡献。在 2000 年泰国发行的蜜蜂邮票上，可以看到东方蜜蜂采花的生态图像（图 3.33）；在 2012 年布隆迪和我国台湾的邮票上，有东方蜜蜂正面和侧面形象（图 3.34、图 3.35）；在几内亚邮票上还能见到东方蜜蜂劳作的身影（图 3.36）。

图 3.32

（1）中华蜂

中华蜂（*Apis cerana cerana*）是东方蜜蜂中饲养最多的亚种，体形

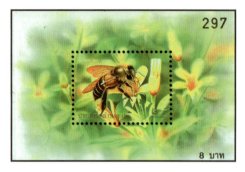

图 3.33

图 3.34

图 3.35

图 3.36

中等。蜂王体长 14~19 mm，工蜂长 9~13 mm，体色为黄色到黑色，蜂王多呈棕色，但雄蜂多呈黑色。体色因栖息在平原或山尖海拔不同而异。中华蜂的饲养历史十分悠久，而且分布很广。晚唐诗人罗隐在诗中说中华蜂"不论平原与山尖，无限风光尽被占"。野生的多在树洞、土穴或墙洞中营巢。巢脾形状也因环境而异。蜜源植物丰富和气候适应性强是中华蜂的优势。一群蜂一年能产 20 kg 蜂蜜，具有很好的经济价值。清朝皇室贵族每年消耗的 5 000 kg 蜂蜜，都是长白山地区的中华蜜蜂生产的。1993 年北京召开了第 33 届国际养蜂大会，我国发行了蜜蜂特种邮票，内有中华蜜蜂（图 3.37）。中华蜂在越南的邮票上也亮过相（图 3.38）。

　　在 20 世纪前期，意大利蜂进入我国，土生土长的中华蜜蜂，不无遗憾地开始告别山尖和平原。现在蜂群数量已经由过去 500 万群减少到不足 100 万群，日后情况更不容乐观。

图 3.37　　　　　　　　　　图 3.38

（2）印度蜂

印度蜂（*Apis cerana indica*），是东方蜜蜂中第二大亚种，主要分布于南亚次大陆，在我国云南、缅甸也有野生蜂群，体色以黄色为主，多呈黄黑相间的色条。工蜂体长 9~12 mm，喙长 5 mm 左右。印度蜂分为山地、平原和克什米尔 3 种生态型，前者能适应山区生活，平原型能适应农区和湿地，大多能耐高温。印度蜂分蜂力弱，产蜜能力中等。孟加拉国的邮票上有形象鲜明的印度蜂（图 3.39）。2013 年孟加拉国发行世界自然遗产孙德尔本斯国家公园邮票，其中有养蜂人在红树林采集蜂蜜的情景（图 3.40）。孙德尔本斯是世界上最大的三角洲湿地，在保护区内印度蜂和孟加拉虎一样，是重要的保护物种，有 1 300 多养蜂人在饲养印度蜂。在他们的呵护下，印度蜂貌似野生，但巢脾大，产蜜十分丰盈。

图 3.39　　　　　　　　　　图 3.40

（3）爪哇蜂

爪哇蜂（*Apis cerana javana*），体色为黄黑色，主要分布在印尼的爪哇、苏门答腊和婆罗洲等岛上，在马来半岛也有它们的踪影，常常在洞穴内营造复脾巢。一群蜂一年能产 15 kg 蜂蜜。1985 年新加坡发行的昆虫邮票上有爪哇蜂（图 3.41）。

图 3.41

（4）日本蜂

日本蜂 （*Apis cerana japonica*），体色形状和中华蜂颇为相似，只分布于日本列岛。1993 年越南邮票上有日本蜂（图 3.42）。在日本的普通邮票上，有日本蜂在红花三叶草上采蜜的情景（图 3.43）。

图 3.42

图 3.43

4. 其他种类的蜜蜂

在东南亚、南亚和我国云南、广西一带，还有一些与东方蜜蜂相似的种类，大多是野生的。

（1）大蜜蜂

大蜜蜂（*Apis dorsata*），又称排蜂，分布在我国云南、海南和广西南部以及东南亚。体形较大，工蜂长 16 ～ 18 mm。胸黑腹黄，背上有一条银白色绒毛带。喜欢在近水源的在岩壁上露天筑巢，大多一巢一脾。常常多个蜂群聚在一起筑巢，这种习性有利于蜂群之间的交流。有迁徙习性，性情比较凶猛，护巢能力很强，遇到来犯者，它们会紧紧抱成一团。大蜜蜂的经济价值很高，是我们西南少数民族钟爱的蜜蜂，过去他们仅捉野蜂取蜜，或者采集幼虫和蛹食用，现已开始人工饲养，产蜜量很高，一个蜂群一年能产 25 ～ 40 kg 蜂蜜。在民间被认为是珍贵蜂蜜，在市场上价格很高。

在 1987 年马里的邮票上（图 3.44）、2000 年泰国发行的蜜蜂小型张中（图 3.45）、2003 年印尼的昆虫小版张中（图 3.46）、2011 年几内亚的三角形邮票上（图 3.47）都能见到大蜜蜂。

图 3.44

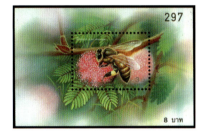

图 3.45

图 3.46

图 3.47

（2）黑大蜜蜂

黑大蜜蜂（*Apis laboriosa*），分布于喜马拉雅山和横断山脉地区，个体很大，工蜂长达 17 ～ 18 mm，体色为褐黑色、腹节上有白色毛环，

它们大多栖息在 1 000～3 500 m 的高山岩隙中，有季节性迁徙习性。产蜜较多，一群蜂一年能产蜜 20~40 kg，是经济价值较高的野生蜜蜂。生活在尼泊尔和喜马拉雅山区的，过去常被认作大蜜蜂，近年来得到厘正和确认。当地居民为了获取蜂蜜，不惜攀登百米悬崖，不畏蜂螫，情景既好奇又惊险。

在 1993 年越南发行的邮票上，能见到黑大蜜蜂（图 3.48）。

（3）小蜜蜂

小蜜蜂（*Apis florea*），个体较小，工蜂体长仅 7～8 mm，体色黑白相间。分布地域和大蜜蜂基本相似，在阿曼、伊朗和巴基斯坦都能见到，我国云南、广西西南部都有分布，它们是热带植物重要的授粉昆虫。在我国《云南十八怪》的邮资明信片上，最后一怪"草会咬人真厉害"，指的就是这种小蜜蜂。它们生活在 1 900 m 以下的山间河谷的灌木林中，大多在离地面很近的幽静环境中露天营巢。在荨麻开花季节，小蜜蜂到花上采蜜，有人采麻叶，不但会让荨麻刺了，还常被蜂螫（图 3.49）。我们只要懂得蜜蜂的习性，就会见怪不怪。小蜜蜂的迁徙和护巢性能和大蜜蜂相似，产蜜量较低，一群蜂一年能生产蜂蜜 1 kg。小蜜蜂是典型的野生蜜蜂。在巢的中下部培育幼蜂，一窝蜂的数量成千上万。每年春天万紫千红的时候，它们开始分蜂；在夏季气候炎热，就将巢迁移到树荫深处或洞穴内。

图 3.48

图 3.49

泰国的蜜蜂小型张中有小蜜蜂（图 3.50），在马里邮票上也有小蜜蜂（图 3.51）。

图 3.50   图 3.51

（4）黑小蜜蜂

黑小蜜蜂（*Apis andreniformis*），在云南称为小草蜂。工蜂体长仅为 7~8 mm，腹部栗黑色，腹节上有灰色环。其分布在东南亚海拔 1 000 m 以下的地区，大多在树上营巢，巢的中下部是它们培育幼蜂的区域，上部和两边是存放蜂花粉的"粮仓"。在

图 3.52

暴风雨来临时，工蜂们会紧紧抱成一团，显示出极强的护卫能力。它们的个体虽小，但动作灵活，活动在灌木丛中，给花朵授粉的能力很强。当地人在取蜂蜜时，总是先用烟熏驱散蜜蜂，将整个蜂巢取回，同时获得幼蜂和蛹作为美食。一年能收获 2~3 次。

在泰国的蜜蜂小型张中，有正在采访野牵牛花的小蜜蜂（图 3.52）。

（5）沙巴蜂

沙巴蜂 （*Apis koschevnikovi*），工蜂体表红铜色，所以有红色蜜蜂的雅号。沙巴蜂是婆罗洲岛上特有的蜜蜂，主要分布在文莱和马来西亚的沙巴、沙捞越一带。沙巴蜂大多在洞穴内筑巢，习性也和东方蜜蜂相似。

在 20 世纪初被发现和定名，经 80 多年后才得到确认。

图 3.53

越南邮票上有沙巴蜂（图 3.53）。

东方蜜蜂和许多亲缘相近的种和亚种，适应性都比较强，传粉能力也很突出，历史上一直受到当地人们的喜爱。 可惜在引进意大利蜂以后，它们的生存和繁殖空间受到挤压，时常出现蜂蜜被盗和交配受阻的情况，导致蜂群数量锐减。这些蜜蜂都是大自然的宝贵财富，是生物多样性的重要组成，应该受到我们的保护。

蜂王和雄蜂的那些事儿

> 蜂王和雄蜂在蜂群中是有性的一对，但两者不是对称的。蜂王是蜂群的主宰，它像一般动物的卵细胞，受精前有很多带着大量精子的雄蜂追求它。

1. 蜜蜂的变态和级型

古希腊人认为蜜蜂能变化，误以为蜜蜂是从祭祀用的牛尸中变出来的。当时亚里士多德否定了这种类似"腐草为萤"的谬论，不过他也不明白蜜蜂的变态。蜜蜂作为完全变态昆虫，所有个体都经过卵→幼虫→蛹→成虫4个阶段。在1971年古巴发行的邮票中,展示了蜜蜂的4个阶段，还能看到老熟幼虫化蛹前的"预蛹"（图4.1）。当幼虫临近老熟时会在蜂房中吐丝结茧，并由工蜂来为蜂房封盖,不久,就进入蛹期。在1997年比利时的邮票中，展示了蜂房的纵切面，内中有卵、幼虫和蛹，以及正在羽化的成虫。成虫咬破茧和封盖，爬出蜂房，显出浑身长毛的身体，稍后,翅膀和表皮才慢慢硬化（图4.2）。在2015年法国发行的蜜蜂不干胶小本票上，蜂房内也有从卵到成虫羽化的变态过程。

图 4.1

图 4.2

蜜蜂卵有受精的和不受精的 2 种。受精过程在临产卵前才完成。有精子参与的受精卵，发育成为雌蜂；没有精子参与的未受精卵，发育成为雄蜂。各种卵由蜂王产在特定的蜂房内，以后的命运就大不相同。这个秘密是波兰养蜂学家齐丛在 1845 年发现的，1956 年波兰为纪念他逝世 50 周年发行了邮票（图 4.3）。生活在不同蜂房内的初孵幼虫，都由工蜂喂养，初孵化时喂食蜂乳，大多在 3 天后开始"断奶"，以后就改吃花粉和蜂蜜的混合物，发育成为工蜂和雄蜂；日后要当蜂王的幼虫，它们的卵被产在特大的蜂房里，终生都能吃到蜂乳。

蜂乳是工蜂的咽头腺和上颚腺分泌的，长期供应蜂王享用，因此又称为王浆，内中含有促进蜂王发育的激素。2005 年朝鲜发行的蜜蜂小型张中，生动地描绘了在工蜂照料下的蜂王幼虫，它体驱丰满，为日后发育成蜂王奠定了生理基础（图 4.4）。

在 1989 年苏联发行的蜜蜂邮票中，展示了工蜂喂养蜂王的情景（图 4.5）。终生享用王浆的处女蜂王，性器官发育健全，只有它才能为蜂群繁育后代。工蜂作为蜂王的女儿，它们的数量很多，只有劳动的义务，没有生育的能力，在蜂群中只起营养器官的作用。有人误以为作蜂王的母亲，有意识生产女儿来供它使役。实际上蜂王是工蜂辛辛苦苦培育出来的，它和雄蜂是蜂群的生殖器官。换句话说，蜂王像一台不知疲倦、不断生产工蜂的母机。工蜂群就是巨大的营养器官。蜂群体中个体之间、性别、生育能力和职能的差别，称为级型，这是蜜蜂过社会生活的基础。

图 4.3

图 4.4

图 4.5　　　　　　　　　图 4.6　　　　　　　　　图 4.7

阿根廷邮票展示了雄蜂、蜂王和工蜂的形态，以及工蜂的劳动场景（图 4.6）。级型不同的蜜蜂，形态和行为都不一样，但是都由卵经幼虫和蛹期，最后羽化为成虫，经历 10 多天。一旦成为蜂王，它的寿命就长了。

2. 蜂 王

　　1987 年波兰发行的第 31 届国际养蜂大会的邮票上，展示了蜂王、雄蜂和工蜂的形态，并且有含义不同的图志，象征它们在蜂群中拥有的地位和职能，如雌性的蜂王上面是一顶豪华的王冠（图 4.7）。

　　蜂王体长 15 ～ 20 mm，体重 250 mg，是工蜂的 2 ～ 3 倍，翅膀相对较小，每天能产上千粒卵，并用信息素来调控工蜂的生长发育。在许多邮票中都能看到蜂王与工蜂们交换信息、发号施令的情景。在 1989 年塞浦路斯的蜜蜂邮票中，有一枚邮票上有众多的工蜂，伸开触角，正在接受蜂王发布的信息（图 4.8）。

图 4.8

　　一只处女雌蜂，要成为真正的蜂王，首先要选择风和日暖的天气，离开宫殿一般的蜂箱，外出寻找配偶。外边可能有上千雄蜂在等着它。众多想与蜂王交配的雄蜂们，常常聚集成一个庞大的雄蜂团，忽聚忽散，形状变化不定，同时释放大量的雄性性信息素，

图 4.9

引诱处女蜂王，但一般只有几只雄蜂能接到"彩球"，它们在蓝天白云之下交配，在飞行中接纳精子。处女蜂王或雄蜂都为婚姻而飞舞，不但飞得高，而且飞得远，飞得快，有的能离巢几千米，甚至更远。细看奥尔德尼岛 2009 年发行的蜜蜂小全张中，边纸上可以看到直冲云霄的婚飞蜜蜂(图 4.9)。处女蜂和雄蜂的婚礼，在 20 m 高空进行，那是蜜蜂情侣最为风流浪漫的一刻。一只婚飞的处女蜂，能和 10 多只雄蜂交配，让受精囊中充满精液和精子，以后在几年内能陆续产出上百万粒受精卵。蜂王交配后，返回蜂巢，螯针腔拖着雄蜂留下的白色的内阳茎，这就是它已经婚配的标志（图 4.10），此后就难和别的雄蜂再交配。不过，工蜂会帮它去掉这种堵塞阴道的障碍物，再次获得交配的权利。蜂王在婚飞期间，会得到工蜂的鼓动和卫护，促使它积极完婚。为了防止蜂王因离巢太远而迷失方向，工蜂能引导蜂王回巢。回巢的蜂王几天以后，卵巢开始发育，卵子也逐渐成熟，于是腹部就迅速变大伸长。一般情况它不会再离巢外出，只有分蜂时，才会带领成千上万的工蜂去另起炉灶，把老家让给新蜂王。莫桑比克在 1985 年的蜜蜂邮票中，可以看到离巢出走的蜂王和随它分飞的蜂群，它们紧密聚集在树枝上形成一个分蜂团（图 4.11）。在 2012 年

图 4.10

图 4.11

几内亚比绍发行的蜜蜂小型张中，团聚的
蜜蜂，形象更为清晰（图 4.12）。蜂王的
寿命可达 3～5 年，在漫长的岁月里，它
的女儿，也就是成千上万的工蜂，有的同
父，有的异父，都会不断死亡，蜂王就不
停地产卵，不断地培育一批又一批的工蜂

图 4.12

来更替，可谓"生命不止，产卵不息"。在 1995 年阿尔巴尼亚蜜蜂邮票上，
可以看到蜂王的腹部深入巢房，正在产卵（图 4.13）。2002 年泽西岛
的蜜蜂邮票小版票的边纸上，展示出蜂房中卵的情况，可以看到每个蜂
房只有一粒卵。蜂王一天能产出 1 500～2 000 粒卵（图 4.14）。如果
蜂群中蜂王不幸病残，或接近衰老，工蜂就建造应急王台，让蜂王产卵，
培育新蜂王，接替老蜂王。在 1983 年阿曼发行的蜜蜂联票上，巢脾下
方已经有几个王台（图 4.15 右图为王台的局部放大），未来可能会出现
几头处女蜂，它们之间将会进行残酷的竞争，先羽化的无情地消灭晚羽

图 4.13

图 4.14

图 4.15

化的，开始称王称霸。处女蜂经过婚配，成为唯我独尊的"女王"。实际上，蜂王在超个体的蜂群内，只不过是繁衍种族的"性细胞"而已，它用信息素控制所有工蜂，按照蜂群的利益，使它们性腺萎缩，一切都服从于蜂王，循规蹈矩地劳作。

3. 雄 蜂

在 1987 年波兰为 31 届国际养蜂大会发行的邮票上，雄蜂上面是紫色的宝盒。雄蜂的宝贝是什么？就是供蜂王卵受精用的精子（图 4.16）。有趣的是雄蜂自己是由未受精卵发育而来的，雄蜂生产的精子，自己并不保存，交配之后就进入蜂王的受精囊。受精卵发育而来的是雌性的蜂王和工蜂。

图 4.16

雄蜂身体比蜂王魁梧，翅膀也比蜂王长大，复眼很大，身体毛多。没有防卫用的针刺，身上也没有访花采蜜的"工具"，唯一的本事就是在婚飞时与蜂王交配。1771 年南斯拉夫养蜂专家扬沙（A·Janscha）揭开了蜜蜂离开蜂巢，外出婚飞的隐私。从此，人们开始了解雄蜂在蜂群中的真实功能。1973 年南斯拉夫为这位揭示蜜蜂婚飞奥秘的专家发行邮票，纪念他逝世 200 年（图4.17）。

图 4.17

1990 年日本大阪国际园艺博览会期间，密克罗尼西亚发行小型张，以一对婚飞的蜜蜂来庆贺大会开幕，称道"花和蜂"的博览会（图 4.18）。事实上蜂王和雄蜂并没有传粉的功能，由于它们的婚姻，产生了无数的工蜂，才能给花朵带来美满的果实。雄蜂从不劳动，它的个体大，胃口好，吃的、喝的全靠工蜂提供。但它们在蜂巢里与许多处女蜂朝夕相处，也会遵循"男女授受不亲"的原则，避免种群内部近亲繁殖，而且它能随意出入任何一个蜂巢。雄蜂寿命只有 2～4 周，婚飞期间多只雄蜂能与一只处女蜂王交配，蜂王就一下子接纳千万个精子，令人惊奇的是这些精子在蜂王的受精囊体内可以成活 5～6 年。这样，蜂群中就无须喂养许多食量很大的雄蜂。排出的卵是否需要受精，也由蜂王控制。雄蜂经过交配，生殖器留在蜂王阴道内，很快结束短暂的生命，有的还来不及回巢，就惨死在婚飞现场。少数有机会回巢的，眼看就能成为千万头工蜂的父亲，但工蜂们给它们的"待遇"非常残酷，一般是断绝口粮，甚至驱赶出巢，有的还会被撕咬和肢解，命运十分悲惨。只有它们的精子，才是蜂群的宝贝，留存在蜂王的受精囊里，永葆青春，与不断发育的卵子同寿。

图 4.18

外勤内务一肩挑的工蜂

工蜂是蜜蜂有性生殖产生的雌性个体，在蜂群中它们同是蜂王的女儿。在幼虫期仅头 3 天吃蜂王浆，以后就改吃花粉和蜂蜜的混合物，是吃"粗茶淡饭"长大的。进入成虫期间，工蜂的性腺受蜂王信息素的抑制，卵巢萎缩，没有生殖能力。

1. 工蜂的劳动形象

工蜂的个体较小，但承担的任务极重，劳动强度很大。在波兰邮票上可以看到，象征工蜂的标志是花朵和叶子（图 5.1）。它们的首要任务是访花，忙于采集花蜜和花粉，与花朵有不解之缘。1997 年波兰发行的 6 枚蜜蜂邮票中，有一半是描写工蜂形态和生活的，有的后足沾满花粉，有的在红花三叶草上劳作（图 5.2），有的离开蜂箱飞向花丛去采蜜，反映它们繁忙的巢外生活（图 5.3）。

图 5.1　　　　　　图 5.2　　　　　　图 5.3

　　工蜂由下颚、下唇和舌组成的喙，能吸食花蜜，又有强大的上颚，能咀嚼花粉,这种结构在博茨瓦纳的蜜蜂邮票上展示得非常清楚(图5.4)。

　　在邮票上，我们可以看到工蜂采蜜和采集花粉的辛勤劳作。在有花蜜的大型花朵上，工蜂便提起它的喙，插入聚集花蜜的地方，将花蜜统统吸完，再迅速转移（图5.5）。工蜂采集花粉的程序比较复杂。当它落到穗状花序上，就沿花序爬行，紧抱下垂的花药，用上颚将它咬破便浑身沾满花粉。通过一系列熟练动作,将身上的花粉一起梳刷到花粉篮中(图5.6)，再带着沉甸甸的两只篮子飞回巢去。在巢内由年轻的工蜂加工花蜜和花粉，为大伙提供营养和能源。

　　在2013年葡萄牙发行的蜜蜂邮票中，可以看到年幼工蜂从事几天内勤之后，跟着年老工蜂外出熟悉路线采蜜的情景（图5.7）。在2012年葡属马德拉的邮票上,外出的蜜蜂已经完成任务,哼着欢快的曲子，满载而归（图5.8)。

图 5.4

图 5.5

图 5.6

图 5.7

图 5.8

2. 工蜂开办食品厂

工蜂寿命只有3～5周,老工蜂不断地被新生的工蜂替代,新陈代谢,川流不息。2001年乌克兰发行的蜜蜂邮票中,画出了工蜂之间按年龄老幼的分工(图5.9)。左边邮票上,是采花蜜的老年工蜂。它们的年龄大于2周,专事外出采花蜜和花粉,同时还有培养接班人的任务。右边邮票上,是年龄小于2周的幼龄工蜂。它们在蜂巢内酿蜜,还要照料幼蜂和蜂王,管理蜂巢和蜂房的清洁卫生。幼龄工蜂有专门分泌蜂王浆的腺体,而且分泌能力旺盛,因此要承担哺育初龄幼虫和蜂王的任务,它们是蜂群里的"奶妈"。中间邮票上,都是工蜂辛勤劳动的产品,世间的美食。

2005年朝鲜发行了同图的蜜蜂小型张和小本票,专门介绍了工蜂的内务,有的正在酿蜜,有的正在喂养幼蜂,有的在侍候蜂王,有的在为蜂巢振翅降温(图5.10)。

图 5.9

图 5.10

　　访花采蜜是工蜂最根本的任务，多由经验丰富的老龄工蜂担任。1997 年比利时发行的蜜蜂邮票上，一头工蜂正在鼠尾草花朵中采蜜（图5.11）。凡花冠深长的花朵，蜜蜂就要伸出它的长喙，甚至钻到花冠中，才能吸到花蜜。1989 年塞浦路斯发行的邮票上，有的在飞行中采集花蜜，有的伏在多雄蕊花朵上采花粉（图 5.12）。在 2004 年波黑的蜜蜂邮票上，工蜂已经在菊花上采到大量花粉，它的花粉篮变成了金黄色的花粉球（图5.13）。工蜂为了采集花蜜和花粉，不知疲倦地往返于花丛和蜂巢之间，每天访问的花朵成千上万，来回数十次，行程几十千米。

图 5.11

图 5.12

图 5.13

　　采蜜回来的工蜂，把吸到的花蜜贮进蜜囊，掺入唾腺分泌的转化酶，回到巢内再返吐到蜂房中，交给内勤蜂继续加工。经过一周时间，过多的水分慢慢蒸发，花蜜就转化为蜂蜜了。

图 5.14

　　2001 年斯洛文尼亚发行的小全张中，工蜂将采来的花蜜注入巢房酿蜜，幼虫在充满蜂蜜的蜂房中成长（图 5.14）。由此可见，花朵是蜜蜂生命之源，而遍布各地的工蜂成为地球上 80% 显花植物的"红娘"。蜜蜂和花朵就这样结下了不解之缘。

　　蜜蜂生存离不开水，水既是食物重要的组分，也是蜂巢的降温剂，一群蜂每天需要水 200 ～ 400 g，一旦断水，蜂群就会陷入困境，因此采集清洁的水回巢，也是工蜂的任务。

图 5.15

　　2012 年葡属马德拉发行的蜜蜂邮票上，展示了一只飞临水边的工蜂，伸出细长的喙，正在吸水（图 5.15）。工蜂将水吸入蜜囊，带回去供全巢大多数成员享用，帮它们降温和解渴。

　　1990 年瑞典发行的蜜蜂小本票（国家定期以优惠价格供应民众的邮票）（图 5.16），像一本工作日记，勾画了老龄工蜂们日常的工作流程：外出采花蜜和花粉→在果子上采集蜂胶的原料→望着地面和天空回巢→进入蜂箱→将花粉和花蜜交给巢内工蜂，加工酿蜜→侍候雄蜂和蜂王→遇到分蜂，离开老巢，姐妹们在树枝上集聚，准备另建新巢→接受养蜂人的检查→最后贡献出许多蜂产品。

图 5.16

3. 工蜂奇妙的语言

工蜂不但能发现和记住蜜源，更神奇的是它能回巢，还会通风报信。1991 年南斯拉夫为第 33 届养蜂大会发行了邮票。这次会议虽然因战事而流产了，但邮票上留下的信息十分珍贵：邮票中心有养蜂名家扬沙的头像剪影，还有两只回巢的蜜蜂，正在跳"8"字舞（图 5.17）。

在 2015 年英国发行的蜜蜂邮票上，有一只回巢的工蜂，正在跳"8"字舞，周围工蜂在解读信息，判断蜜源植物在哪里。邮票下面有文字说明（图 5.18）。

图 5.17

图 5.18

　　工蜂用特有的舞蹈语言告诉同伴，蜜源在何处。舞蹈语言是德国科学家弗里希（Karl von Frisch 1886—1982）的重大发现。弗里希生于奥地利，是动物行为科学的创始人，在 1973 年与奥地利另一位研究动物行为的科学家洛伦兹（Konrad Lorenz 1903—1989）（图 5.19）一起，获得诺贝尔医学和生理学奖。遗憾的是弗里希至今没有出现在邮品上，可能与蜜蜂的舞蹈语言深奥神秘有关，因此一直有人置疑。后来进一步研究发现，蜜蜂不但存在舞蹈语言，而且还饱含复杂的化学通信。它们

图 5.19

高度灵敏的触角，就是多种化学信息素的接受器。把蜜蜂的信息交流简单地当作舞蹈去理解，确实使人感到难以捉摸。从我国 1993 年发行的蜜蜂邮票上，可以看到蜂王和工蜂在不断地碰触角。触角上有数不清的感受器，侍候蜂王的工蜂，通过感受器从蜂王那里获取信息（图 5.20）。但蜂王发出什么信号？如今我们还不知道。

　　在 1973 年尼日尔的蜜蜂邮票上，有经纬线分割的东半球和西半球（图 5.21）。研究发现，蜜蜂认知蜜源地和回巢路线，可能与地磁感受也有关，

图 5.20

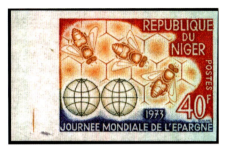

图 5.21

它们同时还参考太阳的位置、天空的偏振光和地面的景物。天和地都是蜜蜂的导航仪，并且它们还会用体内的计时器来校正太阳坐标，从而做到准确无误。工蜂将蜜源的方位和距离告知同伴，确实无比神奇。从 2011 年瑞士发行的六角形蜜蜂邮票中，可以看到工蜂正在用触角辨认蜜源植物，收集有关信息，知道了花的特征，就不会误导同伴（图 5.22）。

图 5.22

4. 工蜂是清洁工和保安员

工蜂有时还要扇动翅膀，使巢内空气流通，吐出的水分得到蒸发，以此调节巢温。同时使信息素得到充分的扩散，充满蜂巢的各个角落（图 5.23）。工蜂还有一项重要的任务，就是将蜂房管理得有条不紊、干干净净。在斐济的蜜蜂邮票上，可以看到左下方一只工蜂探头深入蜂房，正在为蜂王产卵做清洁工作（图 5.24）。

保卫蜂巢和蜂群是工蜂另一项重要的任务。在葡萄牙和皮特凯恩的邮票上，展示了工蜂在蜂箱口和蜂巢外站岗放哨的情景：一只工蜂在巡视和守卫蜂巢，检查来者的身份（图 5.25、图 5.26）。

在古巴邮票上，可以看到工蜂擒获来犯者的一刹那（图 5.27）。它

图 5.23　　　　　图 5.24

图 5.27

图 5.25

图 5.26

们随身携带的武器，就是腹部末端的螫刺，它是产卵器特化而成的针状物，上面有倒刺，后面连着腹腔内的毒囊，平时并不外露，隐藏在腹部末端的一个腔内，一旦发现来者不善或外敌入侵，工蜂便奋不顾身地与之搏斗，用毒刺攻击敌人。2007 年莫桑比克的蜂类邮票上的东非蜜蜂，露出明显的螫刺（图 5.28）。毒刺上的倒刺，只能顺势推进，无法逆向拔出，一旦刺入敌人机体，有时会连带毒囊一起拉出体外，这时勇敢的工蜂便与敌人同归于尽。蜂龄较老的工蜂，毒囊中含毒量高，攻击性很强，它的螫刺就是致命的毒箭。

　　古老的希腊寓言中说道，蜜蜂不愿意让人吃它们的蜜，要用螯刺攻击采蜜者，结果激怒了天神宙斯，叫它们每次刺人都要付出生命的代价。 但是，如今人类不但吃了蜂蜜，还设法保护了蜜蜂。人与蜂的关系，已经从两败俱伤转化为互利共赢。

图 5.28

蜂群自己构筑的"器官"——蜂巢

人们把巢脾看作蜂群的粮仓、酿蜜的作坊、蜂王的育婴室。若把蜜蜂作为一个超个体生物，蜂巢或巢脾便是蜜蜂经营代谢和生殖的庞大器官，是蜂王卵巢的延伸、子宫的变体，成千上万个小生命都在这里孕育和生长，整个蜂群在这里繁育、壮大。自然界原本没有蜂巢，这是工蜂们自己创造的奇迹。

1. 蜂巢的结构

蜂巢的基本元素就是巢脾，巢脾是工蜂用蜡腺分泌的蜡构建起来的，它由众多的六角形小室组成，每个小室就是一个蜂房。在 1950 年里雅斯特（B 区）的邮票上，非常清晰地展示了蜂巢的立体几何图像（图 6.1）。在 1989 年塞浦路斯发行的邮票上，也可以看出蜂房形状十分标准的巢脾（图 6.2）。梅特林克曾经夸奖蜜蜂：它们将化学家、几何学者、建筑师、工程师的天才都完美地结合起来了，可惜我们还不知道它的奥妙。

图 6.1

图 6.2

在 2012 年几内亚比绍发行的邮票上，十分详细地解剖了蜂房，其中有蜂房的横剖面和纵剖面，以及它们的模式结构和功能。蜂房中生活着发育程度不同的幼蜂；巢脾下方有培育蜂王的王台，这个特别巨大的蜂房，能保证未来的蜂王得到优厚的待遇、丰盛的食物，使它身强体壮，发育健全（图 6.3）。

图 6.3

从卢森堡邮票中可以看到蜂房放大的正面构造图。底部是 3 个等边的菱形，每个菱形可以分解为两个底边相邻的三角形（图 6.4），就像以色列国旗中心大卫盾的核心部分（图 6.5）。在 2010 年德国蜜蜂博物馆的邮戳上，有蜂房上口的图像，它是十分规范的六边形（图 6.6）。整个结构既节约材料，又充分利用空间，而且稳定牢固。

如此整齐的蜂房结构，蜜蜂是如何计算和施工的？许多名家都研究过它，但一直找不到答案。

我国数学家华罗庚曾经计算过蜂房的几何结构，还发表过论文，他在论文中证明蜜蜂具有非凡的"智慧"，但没有解开蜜蜂头脑里的奥秘。在 1988 年我国发行的科学家邮票上，华罗庚图像的背后，淡淡地勾画出许多蜂房结构和华罗庚计算出来的数学方程式（图 6.7）。如此繁杂的数学问题，蜜蜂竟然靠它的本能轻轻松松地解决了！

图 6.4

图 6.5

图 6.6

图 6.7

古今中外着迷蜂巢的人，何止华罗庚一人？19世纪比利时作家梅特林克（图6.8）认为，蜜蜂不仅具有非凡的本能，而且有一种极接近人类的智力，归结为"蜂巢之灵"，这种解释显然与当时的科学水平有关。梅特林克的著作荣获诺贝尔奖（图6.9），然而在解释蜜蜂的智慧时，他没有找到入门的钥匙，他毕竟是文学家而不是科学家。

比梅特林克还早的昆虫学家、英国现代昆虫学奠基人科比（William Kirby 1759—1850）（图6.10）在承认蜜蜂有惊人本能的同时，他否定了蜜蜂具有智力的说法。

在自然界，具有六角形结构并非只有蜜蜂的蜂房，许多晶体都呈六角形或六角柱形，苯环的分子结构也呈六角形，它的结构非常稳定，起因于碳原子的6个分子键。1973年联合国发行志愿者邮票，其中展示了苯环衍生出来的分子多聚体，苯分子结构的图案和蜂房的六角形十分相似，两者之间有异曲同工之妙（图6.11）。但蜂房毕竟是工蜂们凭着本能用大分子物质（蜂蜡）构建起来的建筑物，它们的灵感或者存在脑里的"行为程序"是从哪里来的？至今仍是个有趣的迷。

图 6.8

图 6.9

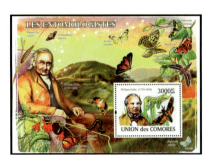

图 6.10

图 6.11

2. 蜂房的功能

蜂房不但结构巧妙，它的功能也因在巢脾上的位置不同而异。有的蜂房作"育儿室"，有的作贮藏室。同是育儿室，培育蜂王、雄蜂或工蜂的也不一样。在 2001 年阿根廷发行的蜜蜂邮票上（图 6.12），可以看到充满着蜂蜜（或蜂王浆）和幼虫的蜂房。在 2004 年斯洛文尼亚发行的蜜蜂小型张上，边纸上

图 6.12

有排列整齐的蜂房，内中有即将羽化和正在羽化的工蜂。这些蜂房都是蜜蜂的"育儿室"。

负责内勤的工蜂不停地在巢脾面上忙忙碌碌，到处巡视。检查幼虫发育进度，它们不让幼虫挨饿，等到幼虫结茧之后，还要用蜡盖将蜂房封好，上面留一个通气的细孔，不让蛹闷着（图 6.13）。

蜂巢内还有许多蜂房，专门用作储存食物的仓库，等贮满蜂蜜或花粉以后，同样也要用蜡盖封闭。育婴的蜂房和储存蜂蜜的蜂房，分别位于巢脾上不同的地方。在 1995 年阿尔巴尼亚邮票上，几种颜色不同的蜡盖，显出蜂房功能的差异。白色蜡盖是老熟幼虫，黑褐色蜡盖是蛹，黄色蜡盖中贮存着花粉，暗红色蜡盖中装满了蜂蜜（图 6.14）。

图 6.13

图 6.14

3. 从洞穴里走出来的蜂巢

西方蜜蜂和东方蜜蜂的蜂巢多由几个巢脾组成。野生蜂的蜂巢，有的筑在挡风避雨的岩洞内，有的建在树洞内，巢脾数量不定。从1983年阿曼发行的蜜蜂邮票上，可以看到蜂巢筑在岩洞内和大木桶中，由多个巢脾组成（图6.15）。在2010年博茨瓦纳发行的蜜蜂邮票上，可以看到在合欢树上挂着由5个裸露巢脾组合而成的蜂巢（图6.16），众多工蜂正在为筑巢而忙碌。

大蜜蜂、黑大蜜蜂、小蜜蜂和黑小蜜蜂都在露天筑巢，每个巢只有一巢脾。有的喜欢在高大阔叶树的横干上结灯笼一样的巢，直径0.5~1 m，基部作贮蜜区，中下部为育儿区，内中有成千上万个巢房。在2009年几内亚比绍发行的蜜蜂邮票上，可以看到这种大型的单脾巢，几万只蜜蜂能在这里住上几年（图6.17）。

图6.15　　　　　图6.16　　　　　图6.17

从1972年赞比亚为保护蜜蜂发行的邮票上（图6.18）和2009年几内亚比绍发行的蜜蜂邮票上（图6.19），都能看到构建在大树洞内的蜂巢。这种蜂巢常常成为人们收获野生蜂蜜的对象。

图6.18　　　　　图6.19　　　　　图6.20

4. 分蜂为蜂巢扩容

一个蜂群经常有 2 万～ 5 万只工蜂，当工蜂的数量一再增加，原有的蜂巢显得拥挤不堪时就会出现"分蜂"。有的蜂种天生就有不断分蜂的习性，借此扩大蜂群。在分蜂的时候，老蜂王带领一批工蜂离巢出走，寻找树枝作为临时集聚地，找到合适的地方后，再建造新巢。分蜂时，老蜂王将老巢留给处女蜂王，自己带领一群工蜂去另立门户。工蜂在出走前要先吸饱蜂蜜，充满自己的蜜囊，并为老巢留下足够的"粮食"和适量照看蜂王的同伴。它们的利他精神，都是为了蜂群的发展。

从瑞典小本票的封面上可以看到大批蜂拥而出的蜜蜂，它们可能要与老巢分手了（图 6.20）。在 1990 年瑞典邮票上，大量工蜂聚集在树枝上，已经形成一个巨大的集合体（分蜂团），外围有侦察蜂在飞舞，它们是筑巢的先锋，将在找到合适的新址后开工建造新巢（图 6.21）。

工蜂们在树上建筑的新巢，结局经常像比利时 1997 年小本票封面上出现的那样，由养蜂人将蜂王擒回，所有工蜂们便统统跟着回去。新家被安置在蜂箱内，一切重新回归平静。分蜂的结果，保留了一个老蜂群，还增加了一个新巢（图 6.22）。超个体蜜蜂的群体就像"细胞分裂"一样，进行蜂群的繁殖。

有时，养蜂人为了扩大蜂群，也会到自然界寻找栖息在野外的蜂巢，将工蜂诱集起来，补充到自己的养蜂队伍中。在尼维斯发行的养蜂邮票上，养蜂人发现野生蜂群，用发烟器发烟来逼工蜂离巢，再捕捉它们的蜂王，或用带有蜜香的蜂箱来诱集工蜂。养蜂人用"擒贼先擒王"的办法招兵买马，用"威逼利诱"的办法让工蜂就范（图 6.23）。

图 6.21

图 6.22

图 6.23

蜂箱为蜜蜂创造宜居环境

蜂箱是养蜂人用来安顿蜂巢和蜂群的场所，也是他们收获蜂产品的车间。先民在掏野蜂窝时得到启发，他们用草料和木材仿制蜂窝。因此，蜂箱的前身多是草编的、木制的或陶制的。经过上千年的演变，发展到后来，成为人蜂两利的现代化的蜂箱。

1. 原始蜂箱花样多

北非的养蜂人使用过多种传统的蜂箱，简单的只能说是人工仿制的蜂窝。埃塞俄比亚 2002 年发行过 2 套传统蜂箱邮票，展示了各种各样的传统蜂窝，其中有木质的、莎草编的、陶瓦制的，有桶形的、圆锥形和船形的，共有 8 种之多。它们大多用木棍作支架，有十分简单的防雨功能，同时也能防范地面天敌的侵入。然而大多是一次性的，每次取过蜜以后就被毁了（图 7.1—图 7.8）。

图 7.1

图 7.2

草编蜂箱，制作方便，成本低廉，早期在各地流行甚广，许多邮票上都能见到它们。

图 7.3

图 7.4

图 7.5

图 7.6 图 7.7 图 7.8

　　1902 年法国举办里昂园艺博览会时，发行过一些封口纸，其中可以看到草蜂箱（图 7.9）；在德国德累斯顿汉莎邮资片，展示了陶蜂箱（图 7.10）。

　　陶蜂箱在 19 世纪后期的邮票和邮资明信片上屡见不鲜，尤其是统一之前的德国，经常发行这类有蜂箱的邮品。随着欧洲人来到新大陆，丰收女神也和草蜂箱、陶蜂箱一起到了美洲，从此蜜蜂在地球的另一半安家落户。19 世纪末，在尼加拉瓜的邮票上，有古老的蜂箱，还有美丽的丰收女神卫护着它（图 7.11）。

　　1936 年西班牙内战期间，佛朗哥的支持者在摩洛哥北部的飞地梅利亚发行地方邮票上，有尖顶草蜂箱，它的顶可以掀开，是当地当时的一大特色（图 7.12）。

图 7.9 图 7.10 图 7.11

图 7.12 图 7.13 图 7.14

图 7.15

图 7.16

图 7.17

图 7.18

图 7.20

图 7.19

图 7.21

蜂箱在许多人的心里，成为财富和民生的象征。在 1950 年比利时储蓄和养老银行 100 周年的邮票中，展示过精致的陶蜂箱（图 7.13）。在 1946 年保加利亚开办储蓄 50 周年的邮票上，放大了这种馒头状的陶蜂箱，它的下部有门，上部有窗，便于蜜蜂出入（图 7.14）。

1977 年波兰发行的古代木版画邮票，内容选自童话《矮人伯莱与孤儿玛丽》，画面上老人打翻了 3 个草蜂箱，惹得蜜蜂到处乱飞。从这个 16 世纪的民间故事中可以看出，当时波兰草蜂箱也很流行（图 7.15）。早期蜂箱虽然大多是用草编的，但形式不尽相同，有的蜂箱顶端用草绳紧扎，像间小草舍，如 1940 年保加利亚邮票上展示的蜂窝（图 7.16）。这种蜂箱后来流传到非洲，在刚果人民共和国 1973 年发行的邮票上就能看到（图 7.17）。

在 2001 年乌克兰的蜜蜂小全张上，并排展示了 3 种蜂箱，木屋式的、木塔式的和草编的，它们是蜂王和雄蜂的家（图 7.18）。从白俄罗斯养蜂小型张上可以看到古老的木桶式蜂箱，它被牢牢地拴在大树上（图 7.19）。

放置在树杈上的蜂箱，不但能防风吹落，也能防棕熊来偷蜜。在 2001 年乌克兰的养蜂小全张的边纸上，描绘了一位采蜜老人智斗棕熊的情景，他的行为十分风趣、可爱，面对棕熊的进攻，老人悬坐在空中，抽着烟，悠然自得；棕熊面对老人布下的防范装置，左蹦右跳，无计可施，气急败坏，最后让旁观者捧腹大笑（图 7.20）。在 2015 年英国发行的蜜蜂邮票中，展示了一种木板构建的蜂箱，邮票下方有文字说明：这是蜜蜂酿蜜的地方（图 7.21）。

2. 艺术化的木制蜂箱

继草蜂箱之后发展起来的木板蜂箱，它的制作方便，空间宽大，迅速在各地开始流行。养蜂人将蜂箱放置在房前屋后，可以让蜜蜂在蜂箱中构筑巢脾。有的蜂箱外壁还绘画装饰。在 2003 年斯洛文尼亚发行的邮票上，复制了 1882—1906 年蜂箱上朴素的民间绘画。其中一幅反映

图 7.22

图 7.23

图 7.24

图 7.25

图 7.26

养蜂业的画很有意思，票中 2 位养蜂人正在树上安置木制蜂箱（图 7.22、图 7.23）。以后，斯洛文尼亚连续几年都推出一枚蜂箱绘画邮票，有狩猎的（图 7.24），也有收获粮食的（图 7.25），以及粮食加工的（图 7.26）。这种蜂箱放置在宅前屋后，养蜂的同时也欣赏农耕时代的民间艺术，回眸历史，给我们"采菊东篱下，悠然见南山"的闲适。

在东欧的木板蜂箱上，还出现过雕刻和绘画工艺，形成一种较为高雅的蜂箱艺术。在 1999 年捷克邮票上，可以欣赏这种艺术蜂箱上的雕刻作品，其中既有民俗的，又有宗教的，加工精细，色彩丰富（图 7.27、图 7.28、图 7.29）。在雕刻艺术的背后，蕴藏着养蜂人平凡和辛勤的劳动。

别以为东欧养蜂人非常怀旧，然而，在斯洛文尼亚，人们也注意创新，有的蜂箱做成了一栋组合式的小木屋，箱内有活动的抽屉，大大扩展了蜂箱的容积，同时也方便了养蜂人员的劳作（图 7.30）。

图 7.27

图 7.28

图 7.29

图 7.30

图 7.31

图 7.32

19 世纪，乌克兰有位养蜂家，名叫普罗科波维齐，在邮票上能见到他（图 7.31）。他发明的柜式蜂箱类似于斯洛文尼亚的创新蜂箱，每层都有抽屉一样的木框，供蜜蜂建筑巢脾。在 2006 年波兰发行纪念养蜂家齐丛的邮资明信片上，展示了齐丛使用的另一种 4 层柜式蜂箱，其基本结构虽然相似，但又有改进，特别是宽大的坡顶增强了蜂箱的防雨效果（图 7.32）。

3. 人蜂两便的现代化蜂箱

在各种传统或经过改良的蜂箱中，由于勤劳的蜜蜂，不断用蜂胶弥合各种缝隙，使着生巢脾的蜂框和蜂箱之间容易被蜂胶黏住，造成取蜜和刮蜡时无可避免地会损坏巢脾。如何保全巢脾，便成了养蜂人梦寐以求的目标。

1851 年美国养蜂家郎斯特罗什发明的活动巢框蜂箱，破解了取蜜不毁蜂箱的难题。这种蜂箱的巢框从顶部插入，蜂箱下面有专供蜜蜂进出的小门，巢脾之间有较大空隙，形成宽敞巢路，促进箱内空气流通，便

图 7.33

图 7.34

于工蜂进出，从事劳作和防卫。这种蜂箱为成千上万的蜜蜂提供了前所未有的宜居环境。从此蜜蜂不再用蜂胶去粘连蜂箱，充满巢脾的蜂框井井有条，灵活可动，不但养蜂人操作方便，蜂蜜和蜂蜡的产量也大有提高。

在法国的邮戳上和苏联的邮票上，都能见到这种坡顶或平顶的蜂箱（图 7.33、图 7.34）。郎式蜂箱一般每箱 12 框，取出或放回蜂框都很方便，巢脾可以反复使用。在 1941 年保加利亚发行的普票中，养蜂人正在抽出蜂框，检查巢脾的情况（图 7.35）。如今又有专门取框的夹子"巢脾抓"，使用方便，功效进一步提高（图 7.36）。

现代养蜂界广泛应用郎式蜂箱，蜂箱之上可以叠加继箱。最上层有的用坡顶，可以防御风雨；也有采用平板盖顶，靠塑料薄膜挡雨防漏。下部有箱底，近箱底处有巢门，方便蜜蜂出入。随着郎式蜂箱的普及，各地养蜂事业蓬勃发展，养蜂为农作物授粉，同时获取大量蜂产品。养蜂，让人们发财致富。在斐济的养蜂邮票上，一位养蜂人在蜜源附近的草地上放置蜂箱，建立小型养蜂场，脸上充满喜悦和自信（图 7.37）。养蜂人经常在不同季节里，随着蜜源植物的花开花落，带着蜂箱不停地转移。在罗马尼亚的邮票上，载着蜂箱的船，正在沿着多瑙河驶往另一个蜜源地（图 7.38）。在四季飘香的热带和亚热带地区，养蜂人不必为追逐鲜花而四处奔波，蜜蜂们也能就近访花，安居乐业。在 2015 年葡萄牙亚速尔发行的邮票上，让我们欣赏到环境优美舒适的养蜂乐土和新型规范的现代蜂箱（图 7.39）。

图 7.35

图 7.36

图 7.37

图 7.38

图 7.39

蜜蜂和植物的互作互利

1亿3千万年以前，地球上兴起显花植物，同时出现了为花朵授粉的蜂类、蝶类，两者与虫媒花植物几乎是同时登场。蜂类的口器与它授粉的花朵结构配合得十分默契，多少年来它们不离不弃，协同进化。它们是地球村里一对最为和谐的命运共同体，连达尔文等许多博物学家，也为它们的默契感到惊奇，对它们的"机智"感到困惑。

1. 蜜蜂和花朵相互依存

1997年美国为纪念爱因斯坦诞生100周年发行邮票，画面上爱因斯坦双目远视，若有所思，似乎在回忆早年说过的一句话。这位世界顶级大师曾经这样说："一旦蜜蜂从地球上消失，人类最多再存活4年……"（图8.1）。这句话有些危言耸听，细细分析颇有道理。世界上80%的花朵靠昆虫传粉，其中85%是由蜜蜂承担的，因此蜜蜂被誉为"带翅膀的媒人"。这些虫媒植物大多数与人类生活密切相关，其中有粮食、果树、蔬菜、花卉和牧草。在1985年博普塔茨瓦纳发行的拯救树木邮票中，蜜蜂被放在主角位置上。如果没有蜜蜂，很多树木也无法结实（图8.2）。

图 8.1

图 8.2

图 8.3

在美国，依靠蜜蜂授粉，每年农业生产就能增收获利 200 亿美元。美国发行过许多有关蜜蜂的邮票，有的还写着一行字："给予和分享"（图8.3）。它告诉大家蜜蜂给予人类很多，人类也应该懂得与蜜蜂共享。美国曾经为蜜蜂给橘花授粉发行过压凸图邮资封（图8.4）。邮票上许许多多事实，都诠释了爱因斯坦有关蜜蜂影响人类生存的名言。

如果说显花植物的许多花粉让主人和蜜蜂共享，那蜜腺就是植物专门用来招待蜜蜂的。蜜蜂授粉，与风媒相比，不但效率高，而且让植物节省了大量花粉。蜜蜂消化道有特别的蜜囊，每次将采得的花蜜纳入囊中。蜜蜂的后腿演化成了能盛花粉的篮子，在腿上有许多刚毛构成的梳子，能把沾在身体上的花粉统统刷下来，最后一起装入花粉篮中，在后腿上形成庞大的花粉球。无论在邮票上，还是邮戳上，都能见到这种庞大的花粉球（图8.5、图8.6）。花蜜为蜜蜂提供作为能源的碳水化合物，花粉则为蜂群生长发育提供了必需的蛋白质和氨基酸。因此，许多开花植物都是蜜蜂的蜜源植物，也是蜂群生存发展的物质保证。

蜜蜂为植物授粉，花朵为它提供蜜汁。这是实实在在的互利，两者总是形影相随，难分难舍。人们总把花和蜂联系在一起，这在许多蜜蜂邮票中显得特别抢眼。

图 8.4   图 8.5   图 8.6

2. 广泛的蜜源植物使蜜蜂繁荣昌盛

蜜蜂对花朵的广泛爱好，使它的温饱有了保障，它为花做媒的对象自然四季不断，往往左右逢源。在保加利亚邮票上，展示了蜜蜂的多种蜜源植物，其中有洋槐、薰衣草、小叶石楠花和向日葵等（图8.7）。

图 8.7

　　在中国的邮票上，蜜蜂在为油菜花、野桂花和荔枝花授粉（图 8.8）。在尼加拉瓜的邮票上，蜜蜂在给一品红、珊瑚藤、翅果铁刀木、鬼针草、蔷薇（图 8.9）的花朵授粉。在白俄罗斯的邮票上，展示了大花银莲花

图 8.8

和鸦葱花与蜜蜂的关系，这两种植物极富观赏性，现在已处于濒危状态（图 8.10）。因此，依靠蜜蜂传粉更显得重要。邮票上蜜蜂钟情兰花和西番莲（图 8.11）的情景屡见不鲜。在非洲，蜜蜂访花采蜜的邮票，更是比比皆是，不胜枚举，它们构成了蜜蜂为植物繁育后代而劳作的科普画卷。

　　蜜蜂不停地忙碌在花朵之间，一只工蜂，一天要访问上千朵花。蜜

图 8.9

蜂们有时一边飞，一边传粉，有的用前足轻轻站在花朵上，有的一头钻进花蕊中，姿态不同，但效果是相同的。在博茨瓦纳发行的蜜蜂邮票上，蜜蜂们就是远处飞来的"媒人"（图 8.12）。它们从不敷衍了事，总让花朵满意为止。

图 8.10　　　　　图 8.11　　　　　图 8.12

图 8.13

图 8.14

图 8.15

图 8.16

图 8.17

图 8.18

3. 蜜蜂从农业增产中分享红利

地球上约有 17 万种植物靠蜜蜂授粉，它们都是重要的蜜源植物，其中有油料作物、果树、牧草和花卉等。在罗马尼亚的邮票上，能见到蜜蜂在为向日葵（图 8.13）、苹果（图 8.14）、红豆草（图 8.15）、油菜（图 8.16）授粉。

车轴草（即三叶草）是面广量大的蜜源作物，是世界各地重要的牧草，包括 1988 年美国邮票中红花的（图 8.17）和 1998 年英属马恩岛邮票上白花的（图 8.18）。它们的蛋白质含量很高，根部有根瘤菌，能在土壤中固定氮素，增加肥力。蜜蜂能为它们提高 80% 的结实率。生产大量的种子，往往在一地落脚，就自然而然地扩大面积，对农牧业贡献很大。

蜜蜂对果树有特别重要的作用，在德国和保加利亚的邮票上，分别可以看到蜜蜂在李花（图 8.19）和樱花（图 8.20）上采蜜和传粉的情景。在 2013 年尼日尔发行的"鲜花和蜜蜂"的邮票上，可以看到十字花科的萝卜（图 8.21）、蔷薇科的

图 8.19

图 8.20

图 8.21

图 8.22

图 8.23

图 8.24

图 8.25

图 8.26

图 8.27

矮木瓜（图 8.22）、菊科的菊花（图 8.23）、毛茛科的芍药（图 8.24）和兰科的齿瓣兰（图 8.25）等多种植物，都离不开蜜蜂授粉。

日本东北 4 县的邮票上显示，当地的苹果、樱桃和桃子，都靠蜜蜂授粉，才能获得丰硕的果实（图 8.26）。在美国俄亥俄州的草莓节上，有一枚硕大的邮戳，小蜜蜂也欣然光临草莓节，庆贺自己授粉成功，果实饱满，让农场主收益丰盈（图 8.27）。

4. 蜜蜂偏爱的花色以及口器与花朵的契合

蜜蜂喜欢黄色和蓝色的花朵，能反射黄蓝波长，或者能反射紫外光的花，也为蜜蜂喜爱。在 1998 年马恩岛发行的邮票上，蜜蜂在一种黄色的野菊花上忙碌（图 8.28）。在德国邮票上，能看到沾满黄色花粉的蜜蜂（图 7.29）。在 2000 年爱沙尼亚的邮票上，有美丽的矢车菊，当地人们喜欢这种蓝色的花，把它定为国花，蜜蜂也非常喜欢访问矢车菊（图 8.30）。矢车菊的花冠特别细长，蜜蜂的喙必须细而长，否则很难吸到蜜汁，这种长喙蜜蜂在新西兰 2013 年发行的邮票中可以见到（图 8.31）。蜜蜂的口器和行为与花朵结构和形状都是协同进化的。许多奇妙的花朵，只要蜜蜂轻轻一碰，花粉便从花粉管口自动喷出，蜜蜂轻而易举地为花儿授

图 8.28

图 8.29

图 8.30

了粉，它自己也因功受禄，获得一份花粉"红包"。在 1984 年德国的昆虫邮票上，一只工蜂在鼠尾草的唇形花上采蜜，只要蜜蜂深入花冠接触蜜腺，花丝就会敲打它多毛的背部，撒出很多花粉，自动完成授粉。当花蜜陆续吸入蜜囊时，身上也沾满了花粉，对蜜蜂来说真是一箭双雕，采蜜与采粉一气呵成（图 8.32）。有的蜜蜂还利用植物的香味来引诱异性，完成交配。这时，蜜蜂和花朵互相做媒，皆大欢喜。

图 8.31   图 8.32

5. 达尔文探究蜜蜂和兰花的关系

达尔文迷恋蜜蜂，长期研究蜜蜂与兰花的关系，给人留下非常深刻的印象。早在他完成巨著《物种起源》之后，就开始研究蜜蜂与植物授粉的奥秘。在 1862 年出版了《兰花借助昆虫传粉的种种技巧》，详细论证了花朵和蜜蜂的协同进化。他不仅研究了很多兰花的形态结构，以及与之相匹配的昆虫口器特点，而且从生物进化角度阐述了传粉昆虫的作用。达尔文还在自己家里构筑温室，不断进行观察，验证他的设想和理论。他认为蜜蜂对植物的贡献，不仅是授粉和结实，而且推动了植物的杂交和进化。2000 年英国为纪念达尔文诞生 200 周年发行的邮票上，达尔文邮票与兰花的邮票之间，榫头一样互相连接着（图 8.33），在兰花邮票背后的贴纸上，还隐藏着一只蜜蜂，暗示兰花与蜜蜂的机缘（图8.34）。这种称为"蜜蜂兰"的兰花，形态酷似雌蜂，能引诱雄蜂前来婚配，醉翁之意不在酒，其目的是替它传粉。兰花为了自身种族繁衍的需要，笑纳这种奇妙的"性贿赂"。兰花的高招实在让达尔文感到惊讶，最后只能归结为自然选择的神奇吧！

在非洲有多种兰花，它们和蜜蜂关系都十分密切。从2007年几内亚的邮票上，就能见到缅甸蜜蜂在多穗兰花上采花蜜的形象，它们都是达尔文进化论的研究对象（图8.35）。

图 8.33

图 8.34

图 8.35

"天赐"的保健良药——蜂产品

在我国《周礼》中有记载，公元前1000多年人们就知道以"醢"制作美食，醢是蜂蜜和幼蜂的混合物。那时，我们的先祖还不会从蜂巢中分离蜂蜜，所以吃不到纯蜜，但已经把它看作舌尖上的美食。后来随着时代的进步，蜜蜂的许多产品不但作为食用，还能作药用。蜜蜂成了天然的"食品厂"和"制药厂"，它给我们带来无穷无尽的美食和良药，如蜂蜜、蜂王浆、蜂胶、蜂蜡、蜂毒和蜂花粉等。

1. 蜂 蜜

蜂蜜是蜜蜂用花蜜酿造出来的食物。成千上万种昆虫之中，只有蜜蜂能够自己加工食物。在1955年罗马尼亚发行的邮资封上，画着采蜜的蜜蜂、丰收的果实和装瓶的蜂蜜，告诉民众"大家多养蜂，给果树多授粉，多多收获水果和蜂产品"（图9.1）。简单一句话，总结了蜜蜂送给我们的礼物。

从2005年朝鲜发行的蜜蜂邮简中（图9.2），可以看到工蜂是怎样采得百花酿成蜜的。它们在花丛中飞舞，寻找花朵基部的蜜腺，吸取花蜜后把它贮存在蜜囊里，回到蜂巢再把花蜜反吐到特定的蜂房里。这时候花蜜中已经加入了许多由工蜂分泌的转化酶，经过一段时间的酝酿，糖分得到转化，水分逐渐蒸发，花蜜就慢慢转变成为蜂蜜。其中含水量降至20%左右，果糖和蔗糖分别达到20%和1.6%，总糖量达到40%，此外，还有大量的矿物质、维生素和富有生物活性的酶类与激素。每当蜂蜜装满一个蜂房，工蜂就用蜡盖将它们密封起来。

蜂蜜是一种黄色黏稠的液体，贮存在蜂房内，流动性较差。在 2000 年尼维斯为第二届加勒比养蜂大会发行的小型张上，可以见到养蜂人用分蜜机取蜜的情况（图 9.3）。蜂蜜从蜂巢中分离出来之前，养蜂人要先去掉蜂房上的蜡盖，使大部分蜂蜜先自动流淌出来。在 2013 年葡萄牙发行的养蜂邮票上，养蜂老人让蜂蜜流入桶中（图 9.4），再将连着巢脾的蜂框放入分蜜器中，当分蜜机被摇动、旋转的时候，蜂房内剩余的蜂蜜受离心力的作用，就离开蜂房流入收集器。最后像洗衣机甩干衣服一样，把巢脾中贮存的蜂蜜，分离得干干净净。在 1990 年瑞典发行的邮票上和在 2013 年新喀尔多尼亚发行的邮票上，纯净的蜂蜜装在玻璃瓶中，晶莹透亮令人喜爱。它是大众须臾不离的食品，在商店或超市都能买到，

图 9.1

图 9.2

图 9.3

图 9.4

吃在嘴里香甜可口，回味无穷，还有润肠、通便的作用（图9.5，图9.6）。

以色列是《圣经》上所说的流淌蜂蜜的地方，在2009年发行的邮票上，大量排列有序的贮蜜桶，显示出养蜂场规模的巨大，民众享受的当然不是上帝的恩施，而是小小蜜蜂的劳动成果（图9.7副票）。在2012年法属波利尼西亚发行的邮票上，还有供人享用的香味蜂蜜（图9.8）。

图 9.5

图 9.6

图 9.7

图 9.8

当年苏联的邮资明信片上，小蜜蜂们携着沉重的蜜桶向我们飞来，真不是一件轻松的事（图9.9）。小蜜蜂送给我们如此丰厚的礼物，实在使人感动和惊讶。工蜂的蜜囊中，一次只能装载40 mg花蜜，这是20朵苹果花的排蜜量，加工后可以获得20 mg的蜂蜜。这在我们眼里是微不足道的数字，但一只蜜蜂每天为了完成它们的任务，需要片刻不停地采访3 000 朵鲜花。

1987 年墨西哥发行对外贸易产品的普通邮票，蜂蜜也是他们的大宗出口商品。当时他们年产蜂蜜5万～6万吨，八成以上销往国外（图9.10）。多米尼加共和国1974 年发行的邮票上（图9.11），展示了大桶出口的蜂蜜，他们贯彻世界粮农组织和粮食计划署的方针，为缓解口粮危机，用蜜蜂的粮食换取居民的粮食。

图 9.9

图 9.10

图 9.11

舌尖上的蜂蜜，很多被加工成为点心，或作点心的辅料。在1950 年比利时的明信片广告上，可以看到包装豪华的蜂蜜饼干（图9.12）。

图 9.12

在斐济的邮票上，儿童正在享用蜂蜜加饼干的方便早餐（9.13）。
不过儿童不宜多吃蜂蜜，因为蜂蜜中含有激素，可能干扰儿童的生长发育。
在以色列的邮票上，展示蜂蜜加水果，这种美味的点心，有大量维生素
和糖分，热量也格外地高（图 9.14、图 9.15）。

图 9.13　　　　　　　图 9.14　　　　　　　图 9.15

2. 巢 蜜

在许多地方有吃巢蜜的习惯，这种带蜜的蜂巢具有特别的风味。当

蜂房内贮满蜂蜜，工蜂们将它们加蜡盖密封以后，蜂蜜就被包装在整齐的蜡制"罐头"内，食用时蜡和蜜一起经过咀嚼接触舌尖，令人大快朵颐。其实，许多先民也是这样品尝蜂蜜的。在以色列、澳大利亚和新西兰的邮票上，都有这种巢蜜品种（图9.16—图9.18）。如果将巢蜜做成精美的形状，更会受人喜欢。这需要在巢蜜形成前，先由养蜂人提供一定的模型，让工蜂按模型制作巢蜜。盒装以后销售，成为形状、色泽、香味和甜味俱佳的美食。

小熊见到蜜总是迫不及待地连着巢一起吃，这种天然的巢蜜就成了小动物们垂涎欲滴的美食。在1994年拉脱维亚发行的"玛格丽塔·斯塔拉斯特童话"小本票中，封面上有一幅有趣的画：小熊守护着巢蜜罐睡着了，它正在做甜蜜的美梦，回味它刚才吃过的巢蜜，担心它留下的那一点巢蜜被窗外的小狐狸偷吃了（图9.19）。

图 9.16

图 9.17

图 9.18

图 9.19

3. 蜂蜜酒

古人喜欢饮酒，大多是天然发酵产品。埃及人常喝用蜂蜜酿制的酒，那是珍贵的低酒精度高级饮料。在突尼斯 2012 年发行的蜜蜂邮票上（图9.20），可以看到制造蜂蜜酒的情景。先用清水稀释蜂蜜，搅拌均匀，稍加密封，放置几天后蜂蜜经过自然发酵，就成为醇香醉人的蜂蜜酒了。

图 9.20

在我国，晚唐时期已经有人掌握酿造高级蜂蜜酒的技术。但由于原料珍贵，一般百姓无缘享用。罗隐的诗中问道："采得百花酿成蜜，为谁辛苦为谁甜？"当时，只有像韩熙载那样的高官豪富，才有条件品尝蜂蜜和蜜酒，他开设夜宴招待贵宾，让李后主都心生忌恨，叫画家顾闳中潜入韩府，绘下了这幅传世名画《韩熙载夜宴图》（图9.21）。画中热闹的场景，仿佛四处弥散着醉人蜜酒香气。

宋朝大诗人苏东坡酷爱蜂蜜酒，他被贬到黄州时，得到西蜀道人杨士昌酿蜂蜜酒的秘方，亲自酿造了"开瓮满城香"的蜂蜜酒，曾经赋诗道："蜂蜜而今酿玉液，金丹何如此酒强。"在我国 2012 年发行的《宋词》邮票上，苏东坡和朋友喝蜜酒游赤壁，他还要"一樽还酹江月"呢（图9.22）！

图9.21

图9.22

在欧洲，英国是最早酿造蜂蜜酒的国家之一。在 1976 年发行的邮票上（图9.23），古代威尔士祭师，身着大袍，双手举起牛角杯，恭恭敬敬、念念有词地把蜂蜜酒献给天神。从瑞典邮票中我们可以欣赏到雕刻十分精致的牛角杯。只有能享受蜂蜜酒的天神，才配享用这种高级酒杯作祭器（图9.24）。

图 9.23

图 9.24

4. 蜂王浆

图 9.25

蜂王浆又称蜂乳，是蜂群中营养最丰富的食品，它是工蜂喂养初龄幼虫和蜂王时，用舌腺和上颚腺分泌的"王者之乳"，含有多种蛋白质和维生素，以及许多特异的活性物质。蜂王终身享用这种营养必需品，能常年不停地产卵，永葆青春活力。蜂王浆能增强免疫能力、抑制癌细胞生长、延缓衰老、促进新陈代谢。在1967年保加利亚发行的"发展国民经济"邮票上，蜂产品中既有蜂蜜，也有蜂王浆（图9.25）。

1985年法国支票窗口封的背面，宣传冷冻纯净的蜂王浆（图9.26）。在比利时邮资片上，可以见到法国公司在当地推销蜂王浆和蜂花粉的广告，称蜂王浆是天然滋补品（图9.27）。因为它产量少，成为蜂产品中

图 9.26

图 9.27

稀缺的珍品。现在蜂王浆广泛用于医疗保健。

我国用蜂王浆作保健品越来越普遍，每年有上千吨蜂王浆出口。在有奖贺年的企业金卡上（图 9.28），就能看到蜂王浆的广告。

图 9.28

5. 蜂花粉

辛勤的工蜂采得百花酿成蜜的同时，总要采花粉带回巢。在花粉中加入唾液和蜂蜜，制作成蜂花粉，贮存在蜂房里成为蜂粮。蜂花粉大多呈黄色小粒，是工蜂的"面包"，全能的营养品。蜂花粉看起来没有蜂蜜精致，但是蜜蜂营养中蛋白质和氨基酸的重要来源，是蜜蜂生长发育的必需品，是工蜂强身壮体的基础。一群蜂每年要采集 30 kg 花粉，才能满足它们生活和劳动的需要。充足的蜂粮能延长工蜂寿命，增加工蜂活力。因此，古人早就把蜂花粉作为营养食品。当今研究证明，蜂花粉也有调节代谢和延缓衰老的功能，成为市场上

图 9.29

重要的保健品之一。服用蜂花粉和它的加工品，还能预防前列腺疾病，并有美容效果。在 2001 年阿根廷发行的养蜂邮票上，在瓶装的蜂蜜旁边，可以看到成堆的蜂花粉（图 9.29）。

6. 蜂 蜡

蜂蜡是工蜂蜡腺的分泌物，用来构建蜂巢和制作封闭蜂房的蜡盖。在 2012 年几内亚比绍的养蜂邮票上，养蜂人正在用传统的刮刀，收集蜂蜡（图 9.30）。在尼维斯养蜂邮票上，养蜂人改用电热取蜡刀刮取蜂蜡（图 9.31）。养蜂人采集的蜂蜡，一部分来自取蜜时刮下的蜡盖，另一部分则来自废旧的巢脾。

图 9.30

图 9.31

蜂蜡在古代大量用来制造蜡烛，是晚间不可缺少的用品。无论是教堂礼拜，还是家庭照明，烛光总会带来光明和温馨。闪耀的烛光在宁静中给人兴奋和激动。特别在喜庆的日子里，它营造热烈的气氛，给人们的生活增添无穷的乐趣（图9.32—图9.34）。古人"西窗剪烛""秉烛夜游"，给人留下无穷的遐想。

图 9.32

图 9.33   图 9.34

在古希腊的神话中，蜂蜡也制造过流传千古的悲剧。曾经梦想上天的伊卡洛斯，在父亲的帮助下，用蜂蜡胶黏羽毛，制成巨大的翅膀（图9.35），翱翔在天空中，他越飞越高，离太阳越来越近（图9.36），不料蜂蜡被灼热的阳光烤化，羽毛纷纷掉落，破损的翅膀失去了飞翔的能力，不幸的伊卡洛斯从天空垂落身亡（图9.37）。

伊卡洛斯的死亡告诉我们，蜂蜡在 60 ℃时就会融化。因此，在制作青铜器时常用蜂蜡作模型进行浇注，这就是常用的"失蜡法"。我国

图 9.35

图 9.36

图 9.37

图 9.38

图 9.39

图 9.40

古代许多精美的青铜器都是失蜡法铸造出来的，邮票上的牛首夔龙纹鼎和司母戊鼎，前身都有蜂蜡制成的模型（图 9.38、图 9.39）。

国内外都有用蜂蜡做药或做辅料的记录。在比利时，20 世纪中叶推出的广告邮资明信片上，可以看到蜂蜡制剂的广告（图 9.40）。

蜂蜡还用作火漆的原料。在1852年寄自苏格兰的信上，可以看到用火漆封口的信封（图9.41）。2009年德国还专门发行了邮票，记录火漆封口的信封，让人们穿越时空，回观历史上的蜂蜡、火漆和珍贵的信函（图9.42）。

图 9.41

图 9.42

7. 蜂 胶

蜜蜂吸食松树、柳树、杨树或桦树的芽苞，或者直接取食树干伤口流出的树脂，将它们加工成蜂胶。从2000年圣多美和普林西比（图9.43），以及2009年几内亚比绍的蜜蜂邮票上（图9.44），可以看到工蜂为加工蜂胶，在花苞和芽苞上采集原材料的情景。工蜂用上颚腺的分泌物和树脂混合，形成一种具有香味的固体物质，有极强的胶着力，这就是蜂胶。工蜂用蜂胶修补巢脾和蜂箱的裂缝，或者加固巢框，给巢房上光。蜂胶不但是蜜蜂常用的"万能胶"，而且具有明显的灭菌、防腐效果，是蜂巢的"保护神"，它使成千上万生活在狭小空间里的蜜蜂，免去瘟疫灾难。工蜂还用蜂胶处理腐尸，不让病菌扩散。

图 9.43

图 9.44

图 9.45

蜂胶内含有黄酮类物质，在人体内有增强免疫和调节代谢的功能。收集蜂胶，已经成为养蜂业中一大热点。

在斐济养蜂邮票上，养蜂人手执刮刀，正在检查巢脾，准备刮取蜂胶（图9.45）。

8. 蜂 毒

在众多的蜂产品中，最为奇特的品种是蜂毒，它原本是工蜂在防卫时刺向敌人的毒液。在中国民间，自古以来就有用蜂毒治病，有"以毒攻毒"和"蜂毒治百病"的说法。当时的治疗方法，只是用蜂直接螫刺病人。在美国早期的邮资已付的明信片上，可以看到天然蜂产品蜂毒制剂的广告（图9.46）。国内外至今还存在直接用活蜂螫刺防治风湿病和关节炎的医术。这种疗法容易产生副作用。我国养蜂教授、蜂疗专家缪晓青在革新蜂疗方面有很多创新，他用电刺激器掌控工蜂排毒，用纯蜂

图9.46

毒和中药配伍，制成独特的蜂毒制剂"神蜂精"，表现出极强的活血化瘀、镇痛消炎和修复组织损失的功能，对关节炎、风湿病和跌打损伤等都有非常明显的效果。缪晓青因此成为卫生部十大有特殊贡献的人物之一。2005 年邮政部门以蜂疗专家缪晓青为题材，制作发行了个性化邮票。邮票的附票上缪晓青在选择蜜蜂，准备用电刺激器让蜜蜂排毒（图 9.47）。用蜂毒加工而成的"神蜂精"，已经畅销国内外，还被中国女排认定为疗伤的必备品（图 9.48）。

图 9.47

图 9.48

蜜蜂为花儿授粉有伙伴

蜜蜂有许多近亲远戚，它们的形态习性相似，有不同程度的社会性，和蜜蜂一样喜欢取食花蜜和花粉，同时为花朵传粉。它们的数量虽然不大，但种类较多，在没有蜜蜂的地区或缺乏蜂蜜的季节里，它们也是花儿的媒人、蜜蜂亲密的伙伴。在 2015 年马达加斯加的蜂类邮票小型张中，就能见到蜜蜂与木蜂的关系（图 10.1）。

图 10.1

蜜蜂通过授粉，让苹果结出饱满的果实，圆形邮票中的木蜂，作为传粉的副手，正在等候机会，也想一显身手。

1. 不畏寒冷的传粉能手——熊蜂

熊蜂（*Bombus*），属蜜蜂科，种类很多。熊蜂的英文名称 Bumble bees，含有飞行时候会嗡嗡作响的意思。熊蜂身体粗壮，浑身毛茸茸的，大多具黑黄两色，有的还有密集的白色或红色绒毛。在中国人眼里，它们熊腰虎背的样子，高度耐寒的性能，真是蜂中的"熊"。它们和蜜蜂的亲缘关系较近，也是社会性昆虫，但级型分化较为原始，筑巢和酿蜜的技巧远不如蜜蜂。

熊蜂和吸蜜蝙蝠、蝴蝶、蜂鸟是北美洲有名的四大传粉动物。2006

年美国发行了传粉动物不干胶小本票，一种莫氏熊蜂（*Bombus morrisoni*）作为膜翅目昆虫中能传粉的代表，进入了这不平常的方寸天地（图10.2）。它在当地的夏秋季节里，传粉功能十分明显，可惜现在种群数量已经日趋稀少，因而成为保护物种。在这套小本票中，4种动物对应4种鲜花，拼出2种四方连图案，反映出传粉动物和花朵的复杂关系。邮票的构思很巧妙，封面上2只莫氏熊蜂正在紫茄花上传粉，而且还和蜂鸟一起组成独特的画面，给人深刻的印象。

　　全球已经定名的熊蜂超过300种。在温带和寒带分布较多，它们能适应寒冷天气，有的还能在北极圈内生活。春天冰雪尚未完全消融，熊蜂就频频为争先开放的花儿授粉了，等到百花争艳的时候，它们在花间穿梭，更是忙得片刻不停。在2003年芬兰发行的生物多样性邮票中，熊蜂嗡嗡嗡的声音，仿佛就在我们耳边萦绕（图10.3）。一头熊蜂一天能采访2 000～3 000朵花，是十分理想的传粉昆虫，尤其对豆科、葫芦科和茄科植物的贡献特大。如今多种熊蜂已被人工饲养，在设施农业中，解决了早春瓜果蔬菜无蜂传粉的难题（图10.4）。

图10.2　　　　　　　　　图10.3　　　　　　　　　图10.4

　　熊蜂的群体内有一只蜂王，若干只雄蜂和数十到数百只无生育能力的雌蜂，也就是它们的工蜂。深秋来临，百花凋零，经过交配的雌蜂进入冬眠期，来年它便是一代蜂王。它和蜜蜂的蜂王不同，要亲自筑巢、采集花粉、繁殖后代。早期产下的几批工蜂，也由蜂王自己喂养。工蜂数量增多以后，就积极参与花粉和花蜜的采集，协助蜂王抚育幼蜂。几个月后，蜂王产下新一代性发育完全的雌蜂和雄蜂（雄蜂由未受精卵孵化）。雄蜂在交配之后也结束短暂的生命。大批雌蜂在秋末陆续死去，只有接纳了精子的雌蜂才存活下来，它们寻找合适的过冬处所，准备迎接漫长的冬天。

图 10.5

　　熊蜂在土下或土表筑巢。蜂窝的形状颇有规则，贮存花粉和花蜜的蜂房比较大，呈圆钵形；培育蜂仔的蜂房比较小，呈葡萄状，密集在一起（图 10.5）。

（1）大陆熊蜂

　　大陆熊蜂（*Bombus terrestris*），广泛分布在亚欧大陆和北美。雌蜂体长 20～27 mm。腹部末端多呈淡黄色，头部和胸部密集黑色绒毛。后足胫节上有花粉篮，能接纳很多花粉。常在废弃的老鼠洞中筑巢。

　　在 1954 年瑞士发行的儿童福利基金邮票中，推出了世界上首枚大陆熊蜂邮票。1984 年德国西柏林也发行了熊蜂邮票（图 10.6）。1985年英国皇家昆虫学会创建 100 周年的邮票上，有一头身上沾着花粉的大陆熊蜂，形象地记录了它在传粉路上（图 10.7）……

图 10.6   图 10.7

（2）明亮熊蜂

明亮熊峰（*Bombus lucorum*），也是亚欧的常见种，体色亮丽，有柠檬黄斑块。雌蜂体长 20 ～ 22 mm。早在 1954 年，芬兰的邮票上就出现了明亮熊蜂（图10.8）。1961 年波兰也发行过明亮熊蜂的彩色胶印邮票（图 10.9）。在 1987 年瑞典粉蝶小本票的封面上，也有与花做伴的明亮熊蜂（图 10.10）。

图 10.8

图 10.9   图 10.10

（3）多彩熊峰

从中亚、西亚到欧洲大陆都能见到多彩熊蜂（*Bombus ameniacus*）。

胸部前黄后黑，腹部黄黑相间。在 1986 年越南发行的昆虫邮票中（图10.11），以及在 2005 年俄罗斯发行的熊蜂邮票中，都有多彩熊蜂，它们的腹部黄色绒斑特别明显（图 10.12）。

（4）长颊熊蜂

长颊熊蜂（*Bombus hortorum*），分布在欧洲广大地区，北到斯堪的纳维亚半岛的苔原，西到冰岛，向东到伊朗和阿尔泰山，都有它们的踪影。体色黑中带黄。雌蜂体长 19～22 mm，细而长的喙使它们能在深邃的花冠中吸到花蜜。连钱草、野豌豆、三叶草、苜蓿、紫草、毛地黄和蓟花都是它们喜爱的对象。 在 1980 年匈牙利的邮票上，长颊熊蜂正在向日葵上采集花粉（图 10.13）。

| 图 10.11 | 图 10.12 | 图 10.13 |

（5）棕带熊蜂

在中亚和欧洲的 3 000～3 900 m 高山上，以及我国青藏高原上分布着一种棕带熊蜂（*Bombus humilis*）。雌蜂长 16～18 mm。它们喜欢黑矢车菊、红三叶草和野豌豆等植物的花朵。在 2012 年斯洛文尼亚发行的蜂类邮票上有棕带熊蜂，它在地面搜索巢穴（图 10.14）。

（6）切氏熊蜂

切氏熊蜂（*Bombus czeskii*），虫体黄黑相间，胸、腹部都是前后黄，中间黑，分布在北欧、东北亚和南亚，在俄罗斯的远东地区也很多。早年切莱斯基对切氏熊蜂作过很多研究，这种熊蜂就是以他的姓氏命名的，可惜现在已经日趋稀少了。切氏熊蜂善于在唇形花科和豆科植物的筒状花冠中采集花粉。在 2005 年俄罗斯发行的熊蜂邮票和小全张上，有一只切氏熊蜂（图 10.15）。 在 2009 年几内亚比绍发行的蜂类邮票上，也有这种切氏熊蜂，正在访问桃叶风铃草花（图 10.16）。

图 10.14   图 10.15   图 10.16

（7）大黄熊蜂

大黄熊蜂（*Bombus distinguendus*），因体大色黄而得名，它的体长有时超过长颊熊蜂，分布在英格兰和威尔士的沙土地带。它特长的喙，擅长在种植红花三叶草一类的牧场里传粉。在 2015 年英国的蜂类邮票上，可以看到它庞大的躯体，伸出长喙在兰花上采蜜的姿态（图 10.17）。

图 10.17

2. 不螫人的无刺蜂和麦蜂

无刺蜂属蜜蜂科，也是社会性昆虫，分布在热带和亚热带，我国海南和云南的热带雨林里能见到，不适应在寒冷地区生活。已经定名的有 100 多种。体长 8 ～ 10 mm，全身光亮少毛，色彩丰富，翅褐色到红色。

一个大的蜂群常有 8 000 多只工蜂。后足上有带胶的小球，是它们的自卫武器，能黏住来犯者的翅膀，有的还能喷射腐蚀性液体，驱赶敌人。人的皮肤接触到这种液体，也会感到剧痛。有些种类还能用大颚咬人。不过多数种类并不令人嫌恶。在 2011 年肯尼亚发行的昆虫邮票上，可以看到无刺蜂的风采（图 10.18）。

图 10.18

无刺蜂常常把巢筑在空心的大树干内或树杈上。多个圆柱形的巢脾相连成片，类似蜜蜂巢脾。巢由一个管状通道作为出入口。它们有原始的酿蜜技巧。蜂蜜呈绿褐色，口感偏酸，它的药用价值大过食用价值，能治消化系统和呼吸系统的多种疾病。人们饲养无刺蜂已经有几百年的历史。它们最初被人饲养在瓠果、树干或巢穴中，现在温暖地区已经有了管理方便的小型蜂箱。

（1）萤光无刺蜂

早在 1804 年，林奈的学生法布利修斯（Fabricius J. C.）（图 3.32）在阿鲁岛和澳大利亚北部采到了这种耀眼的无刺蜂，它们色彩十分艳丽，全身有蓝绿色的金属光泽，因而命名它为萤光无刺蜂（*Thyreus nitiduls*）。雌蜂常在地下寻找现成的巢穴产卵，特别喜欢侵占蓝带无垫蜂的巢。在 2011 年布隆迪发行的蜂类邮票上有萤光无刺蜂（图 10.19）。

图 10.19

图 10.20

图 10.21

（2）秀美无刺蜂

秀美无刺蜂（*Thyreus decorus*），分布在东南亚气候温和的地方，经常出没在各种花间。

（3）兰花无刺蜂

兰花无刺蜂（*Eulaema dimidiata*），生活在中南美洲各地。在 1970 年萨尔瓦多的平行四边形邮票上有兰花无刺蜂的身影。雄蜂能收集兰花的酯类芳香物质，用借花献佛的技巧，招引雌蜂，完成自己的终身大事，当然，蜂儿也为兰花授了粉，实在妙不可言（图 10.22）。邮票上所绘的蜂，其形象与无刺蜂大有出入，可能邮票设计时选错了标本。

（4）科氏无刺蜂

科氏无刺蜂（*Hypotrigona cockrell*），也是重要的传粉昆虫，以美国昆虫学家科克雷尔（Cockerell，T.D.A. 1866—1948）的名字命名。科氏对无刺蜂、无垫蜂和麦蜂等授粉蜂类做过很多研究。在 2013 年马里的邮票小型张上，有这位大名鼎鼎的分类学家的头像（图 10.23 边纸）。2007 年塞拉利昂发行非洲蜂类邮票时，也将科氏无刺蜂展现在方寸之中（图 10.24）。

（5）科氏麦蜂

科氏麦蜂（*Meliponula cockerell*），属蜜蜂科麦蜂属，也以科克雷尔名字命名。同属中常见的只有 5～6 个种。它们和无刺蜂的关系很近，习性也很相似，都是优秀的授粉昆虫。体长仅 2～8 mm。它不但很会传粉，而且能生产很有药用价值的蜂蜜。在 2007 年塞拉利昂发行的蜂类邮票中，可以见到科氏麦蜂（图 10.25）。

图 10.22

图 10.23

图 10.24

图 10.25

3. 独来独往的无垫蜂

无垫蜂又称艳花蜂，也属蜜蜂科，因足的尖端没有爪垫而得名。在非洲撒哈拉以南广大地区都有分布。在纳米比亚和南非经常能见到。它们的形似熊蜂，足上没有携带花粉的装置，依靠稠密的绒毛黏花粉。虫体有黑、黄、褐、白等多种颜色。体长 13 ～ 14 mm，喙特别长，动作敏捷。无垫蜂传花粉效率极高，喜欢在土中筑巢。

（1）蓝带无垫蜂

蓝带无垫蜂（*Amegilla cingulata*），是许多花果的重要授粉昆虫，因黄色腹部有蓝带而得名，原本分布在澳大利亚，现在巴布亚新几内亚、印度尼西亚、马来西亚和印度等热带和亚热带地区都能见到。蓝带无垫蜂常在城市、林地和荒野的花间飞舞，六道木、薰衣草、醉蝶花、马鞭草、火筒树，以及番茄、茄子的花都是它们光顾的对象。营独居的巢，经常多巢相聚而居。雄蜂夜间常常在树枝上独栖。

在 2009 年肯尼亚为东非自然历史学会 100 周年发行的邮票上，有飞舞在非洲紫罗兰上的蓝带无垫蜂，长长的喙伸展在头的前方（图

10.26）。在 2013 年所罗门群岛发行的蜂与
花的邮票和小型张上有两头蓝带无垫蜂，前
者在山龙眼花上采蜜授粉（图 10.27（a）），
后者正在飞向苦马豆花（图 10.27（b）），
在小型张的边纸上，还有一头蓝带无垫蜂。
它采集的山龙眼花大而鲜红，这是几十种山
龙眼中的一种，种子可以提炼精油，有很高

图 10.26

的药用价值，因此参与授粉的蜂，也受到人们重视。在 2015 年马达加
斯加发行的蜜蜂小全张中，也有蓝带无垫蜂，这是专业摄影师拍摄的照片，
形象真实而完整（图 10.27（c））。

（a）

（b）

（c）

图 10.27

（2）奴比卡无垫蜂

奴比卡无垫蜂（*Amegilla nubica*），分布在北非、西亚一些地方。腹
部黑白相间，特征明显。在 1998 年卡塔尔发行的昆虫大版票中，有这

种难得一见的奴比卡无垫蜂（图 10.28）。

（3）阿克拉无垫蜂

阿克拉无垫蜂（*Amegilla acraensis*）的胸部棕色，腹部黑色。喙很长，充分伸展时有点像天蛾。他们因最早发现于加纳的首都阿克拉而得名，分布在西非一带。

在 2002 年加纳发行的昆虫邮票上有阿克拉无垫蜂，它向前伸展的喙，长度超过它的身体（图 10.29）。

图 10.28　　　　　　　　　　　　　　图 10.29

4. 喜欢钻蛀竹木的木蜂

木蜂属蜜蜂科，虫体黄色或黑色，翅有金属闪光。体长 17 ～ 19 mm，体大喙长。扁平的后足上有花粉框。多数独居。木蜂特别喜欢在坚实的木头内挖掘隧道，或在竹筒内营巢。巢通常只有一个洞口进出。产卵后，用嚼碎的木纤维阻塞洞口，防止别的蜂入侵。木蜂耐寒性很强，能为多种蔬菜、果树授粉，而且效率很高。在邮票上能见到多种木蜂，有些种类曾经不止一次出现在方寸之间。

（1）蓝紫木蜂

在 1978 年南斯拉夫发行的蜂（*Xylocopa villancea*）的邮票上有蓝紫木蜂（图 10.30）。在 2015 年马达加斯加发行的蜂类邮票中也有蓝紫木蜂。

邮票设计者巧妙地用小型张的边纸，形象地展示了木蜂作为蜜蜂的伙伴，争着为苹果授粉（图10.1）。

（2）达尔文木蜂

达尔文木蜂（*Xylocopa darwini*），是科克雷尔在加拉帕戈斯群岛发现的。达尔文曾在1835年到该岛考察，在那里萌生了物种进化的想法（图10.31），科克雷尔因而以达尔文命名这种木蜂，以示纪念。在1993年厄瓜多尔邮票上也有达尔文木蜂（图10.32）。

图10.30   图10.31   图10.32

（3）长木蜂

长木蜂（*Xylocopa tranquebarorum*），分布在我国低海拔山区。体黑色，长25～32 mm，足上无花粉篮。长木蜂善于用坚强有力的上颚，咬穿竹竿，形成一个个圆形的空洞，便成为它们现成的蜂巢。全虫都可以作中药。

在2012年我国台湾发行的蜂类邮票中有一头长木蜂（黑竹蜂）（图10.33）。

（4）其他木蜂

在1970年印度尼西亚发行的邮票上有黄黑木蜂（*Xylocopa flavonigrescens*）（图10.34）；在1985年新加坡发行的邮票上有蓝胸木蜂（*Xylocopa caerulea*）（图10.35）；在2009年摩尔多瓦发行的邮票上（图

10.36）有翅膀闪耀着蓝紫光的紫黑木蜂（*Xylocopa valg*），它们都是传粉的能手。

图 10.33

图 10.34

图 10.35

图 10.36

图 10.37

5. 会授粉的蜜蜂远亲

授粉的蜂类并非都是蜜蜂科昆虫，还有一些是蜜蜂的远亲，形态虽然也像蜜蜂，但大多过独居生活。它们飞舞在花丛之中，花粉是雌蜂和雄蜂的主粮，也是育儿的"奶粉"，为花朵传粉自然是它们乐此不疲的工作。

（1）毛足蜂

毛足蜂属准蜂科，分布在欧亚和北非的地中海沿岸。从中国到印度的许多地方都有它们的足迹。它的形态既像蜜蜂，又像熊蜂。全属已经定名的有 200 多种。

图 10.38

毛足蜂在草原上，是牧草的重要传粉者。喜爱采集菊科和蒺藜属植物的花粉。它们单独在土下筑巢，常常几个巢筑在一起，过群居生活。巢有主道和支道。贮藏花粉球的巢室，内壁不涂蜡，但做得很光滑。

在 1999 年拉脱维亚的邮票上有一种银毛足蜂（*Dasypoda argentata*），它的胸部有白色绒毛，头和腹部黑褐色，尾端显现红色（图 10.38）。

（2）切叶蜂

切叶蜂属切叶蜂科，能将叶片切成圆形或半圆形而得名。有几个属是重要的授粉昆虫。它们外形很像蜜蜂，体色较暗，带有蓝色的金属光泽。口器发达，喙长，触角较短。在多数种类中，雌蜂腹部的各节有排列整齐的毛刷，这是用于采集花粉的工具。

切叶蜂中多数过独居生活，做巢的方式较多，有的在枯树或髓部发达的树干中，蛀孔营巢；有的在屋梁上开凿孔道营巢；也有利用壁蜂或木蜂的空巢做巢的。建巢以后，就采回切成圆片的叶子，将巢穴分隔成 10 个左右的小室，每室都放入掺了花蜜的花粉团。接着，雌蜂就在每个小室中产一个卵。孵化出来的幼虫，取食糊状的花粉团。以老熟的幼虫越冬，到翌年春季才化蛹羽化。一年发生1～2代。在1995年安提瓜和巴尔布达发行的蜂类邮票上，有一头切叶蜂，正抱住切下的叶片飞回巢去（图10.39）。

在2012年塞拉利昂的邮票上，有一种拉切叶蜂（*Megachile latreille*）（图10.40），它们分布在非洲各地，是苜蓿和三叶草的重要授粉昆虫。

在2013年马里发行的三角形蜂类邮票中，有一种罗切叶蜂（*Megachile rotundata*）（图10.41），也是当地常见的授粉昆虫。

图 10.39

图 10.40

图 10.41

（3）壁蜂

壁蜂也属切叶蜂科，喜欢在砖墙缝里或土墙的孔洞中筑巢。大多数种类过独栖生活，少数种类集群筑巢。在人工饲养时，它们多在纸筒内营巢。壁蜂的性情温和，不会伤人。一年发生一代。成虫在早春羽化，每年桃树、梨树和苹果开花时节，它们飞舞在百花之间，为采集花粉忙

碌，同时为各种果树传粉。进入在绿肥红瘦的季节，壁蜂开始结茧化蛹，经过一段时间便羽化为成虫，有趣的是它们并不急着破茧，而是静静地留在茧内休眠过冬，要到春暖花开才外出活动。常见的红壁蜂（*Osmia rufa*）分布在英国和欧洲大陆、北非，以及亚洲的格鲁吉亚、土耳其和伊朗等地。体色红棕色。雌蜂个体硕大，雄蜂体长仅它的一半，有一对长长的触角。它们大多选择老的蜂窝或树干上甲虫的隧道筑巢，有的还会用空蜗牛壳做窝。在通道般的巢内，前面是雄性幼虫。春天里，羽化的雄蜂自由自在地进进出出，但不事劳作。巢的后面住着雌性幼虫，等到它们化为成虫，便忙于采集和贮藏花粉，用来喂养下一代幼蜂。

在 2012 年英属马恩岛的蜂类邮票中，有红壁蜂和它的蜂巢（图 10.42）。在 2015 年英国的蜂类邮票上，有英国珍稀的大梅森壁蜂（*Osmia xanthomeana*），硕大的个儿正在兰花上采蜜（图 10.43）

蓝莓壁蜂（*Osmia ribifloris*），分布在美国南加州沿海山地，是当地蓝莓的主要授粉昆虫。

在 2011 年布隆迪发行的蜂类小型张上，有 2 头蓝莓壁蜂（图 10.44）。在 2013 年莫桑比克邮票中，有蓝莓壁蜂的背面图像（图 10.45）。2015 年该国蜂类小全张，还能让人看到身材魁梧的阿壁蜂（*Osmia atriventris*）（图 10.46）。

图 10.42

图 10.43

图 10.44

图 10.45   图 10.46

（4）黄斑蜂

黄斑蜂也属切叶蜂科，营独居生活，采取植物纤维、针叶树的树脂和泥土的混合物筑巢。后足上没有花粉篮，但在腹部侧面有能携带花粉的刚毛。

袖黄斑蜂（*Anthidium manicatum*），原产地在欧洲，现在已经被引进到北美很多地方，成为当地牧草重要的传粉昆虫。雌蜂体长 12 mm，雄的明显大于雌的。胸部黄色或砖红色，腹部环带的中间不连续，形成若干个明显的黄斑。它们的上颚特化成梳理植物纤维的梳子，是筑巢的专门工具。足上两爪之间没有中垫。它们常常在花前作原地飞行，快速振翅的姿态很像食蚜蝇。雄的会抓住机会迅速和雌的交配。

在 2003 年保加利亚的邮票上有袖黄斑蜂（图 10.47），在 2011 年布隆迪和 2013 年莫桑比克发行的蜂类邮票中都有花黄斑蜂（*Anthidium florentinum*）（图 10.48、图 10.49）。它们全身黑色，腹部各节有黄色斑纹，善于用植物纤维作材料，在土洞、墙洞或树洞中筑巢。它们夏天忙着采集花粉，为各种花朵授粉而忙碌。

图 10.47

图 10.48

图 10.49

（5）地蜂

地蜂属地蜂科，通常分布在亚欧大陆。体长 7 ～ 10 mm。在 1995 年安提瓜巴尔布达发行的蜂类邮票上，可见到这种体形娇小的传粉蜂（图 10.50）。

图 10.50

地蜂也过独居生活。在地下很深的土穴内筑巢，推出的土在地面形成一个小小的"火山口"。地下有主干道和许多分支，它们用腹部分泌的蜡做巢壁的防水层。雌蜂后足转节上有毛刷构成的采粉装置，工作效率极高。地蜂会在花粉中拌入嗉囊反吐的花蜜，做成花粉团，然后在上面产卵，接着就封闭卵室。幼虫孵化后靠吃花粉团长大。

在 2002 年几内亚发行的蜂蚁邮票中，有一种黑褐地蜂（*Andrena fuscipes*）（图 10.51）。在 2009 年英属奥尔德尼发行的邮票上，有一种黄褐地蜂（*Andrena fulva*）（图 10.52），它是欧洲中部特有种，浑身有黄色绒毛。雌蜂体长 8 ～ 10 mm。生活在稀疏林地，多在草地下营巢，在公园中也能见到。每年 3 ～ 5 月果园里鲜花盛开的时候，是它们最活跃的季节，雄蜂在交配后死亡，雌蜂则忙于筑新巢，开启新的生活。有时 1 m² 的土地上会群集上百只雌蜂，它们各自经营独立的"小家庭"。在 2015 年英国发行的蜂类邮票上，有一只山萝卜地蜂（*Andrena hattorfiana*），它是英国的特有种，常在白垩土与沙土中做巢，喜欢采集山萝卜和近似种的花朵，食谱较广（图 10.53）。

图 10.51　　　　　　　　图 10.52　　　　　　　　图 10.53

（6）分舌蜂

分舌蜂属分舌蜂科，因中唇舌分成两片而得名，分布在世界各地。多数种类在阳光充足的海滨悬崖峭壁上，或砂岩突出的地方建巢，也有的种类在公路旁边或房屋泥灰质的墙缝上打洞筑巢，还有些种类则在地穴中筑巢，和地蜂相似，用腹部分泌的蜡作为涂料，使巢壁光滑不透水。一般多为单巢脾，也有 4～10 个巢脾排列在一起的。每年 6 月中旬到 9 月中旬是分舌蜂最为活跃的时节，忙着采集菊科和伞形花科植物的花粉，用花蜜拌合花粉，做成营养丰富的美食哺育幼仔。一年只繁殖一代。秋季来临，百花凋零，它们以老熟的幼虫在茧内休眠过冬。

泥分舌蜂（*Colletes daviesanus*），广泛分布在亚欧各地。无论在戈壁滩上，还是在城市的公园里，都有泥分舌蜂在为花儿授粉。在 2009 年奥尔德尼岛发行的蜂类邮票上，泥分舌蜂在菊花上忙碌着（图 10.54）。在 2012 年英属马恩岛发行的蜂类邮票上，有另一种洁分舌蜂（*Colletes succinctus*）。它

图 10.54

们广泛分布在亚洲、欧洲和大洋洲（图 10.55）。

　　常青藤分舌蜂（*Colletes hederae*），分布在欧洲大陆和海峡群岛，但直到 1993 年才被确认和定名。成虫每年在 8—9 月羽化，喜欢为常青藤花授粉。雌蜂用花粉和花蜜喂食幼蜂。很多小蜂窝聚集在一起。有时会遭芫菁幼虫的猎杀。英属格恩济邮票上的 "Ivy Bee"，就是常青藤分舌蜂（图 10.56）。北方分舌蜂（*Colletes floralis*），是一种小型蜂，体长仅 10 mm，蜜源植物较多，大多分布在英国的北部。在 2015 年英国的蜂类邮票上能见到它（图 10.57）。

图 10.55　　　　　　　　图 10.56　　　　　　　　图 10.57

（7）隧蜂

　　隧蜂属隧蜂科，体多呈黑色或褐色，有的具有蓝绿色金属光泽。体表有凹痕或刻纹，绒毛稀疏。腹部末端有一道平滑光亮的细沟，沟内中隐藏着能上下滑动的螫针，平时并不外露。

　　多数种类过独居生活，少数种类有低级的社会性。它们在土壤中或腐木中筑巢，用分泌物将隧道弄得整齐、光滑。春天筑巢、产仔，同时采集花粉。

　　雌蜂终日忙忙碌碌。它们在狭窄的隧道和巢穴中进出有序，从不使采回的花粉撒落，造成无端的损失。进入夏季，雌蜂已经有众多的"女儿"，开始为新一代筑巢、储粮。此后，雌蜂单身独居。雄蜂羽化后，在各个洞穴间探访，找雌蜂交配。雌蜂接受精子后越冬。雄蜂也就完成了它的历史使命。在 1978 年南斯拉夫发行的邮票中，有一种斯隧蜂（*Halictus scabictidae*）（图 10.58）。

图 10.58

图 10.59

　　青金隧蜂（*Augochloropsis metallica*），全身亮绿色，有金属光泽，体表多刻纹，分布在北美和中美各地。在 2011 年布隆迪发行的蜂类小型张边纸上，有一头青金隧蜂正在专心采花（图 10.59）。在 2012 年几内亚比绍发行的蜂类邮票小全张上，有一头金绿隧蜂（*Augochloropsis texanus*）（图 10.60），它的形象和青金隧蜂颇为相似，密布在腹面和足上的毛，沾满了花粉，其采花传粉效率之高，令蜜蜂们都刮目相看。

图 10.60

图 10.61

图 10.62

图 10.63

（8）条蜂

条蜂属条蜂科，分布在欧亚和大洋洲，在我国东部、南部和西南地区都能见到。虫体黑色，头、胸、腹多处有蓝色的毛及毛斑，并有金属光泽。翅深褐色，足上有盾样斑纹。雌蜂长 11 mm 左右。条蜂营独居生活，有的种类在地下筑巢，常常几个巢集中在一起。

在 2015 年英国的蜂类邮票中，有一种亲条蜂（*Anthophora retusa*）（图 10.61），原来生活在英国南部广大地区，为许多植物授粉，但近年来种群数量突然减少，处于濒危状态。同年，在马达加斯加发行的蜂类小全张中，有一只摄影名家拍摄的长喙条蜂（*Anthophora affabilis*）（图 10.62），当它的喙充分伸展时，明显的超过体长。它在许多筒状花冠前独享了难得的美味，也让深居不露的柱头获得了授粉的机会，

在 1986 年越南发行的蜂类邮票上，有一种库尔盾斑蜂（ *Croisa curcifera*）（图 10.63），也是条蜂科的一员。

它们拿蜂和蜜当美食

——蜜蜂的天敌

蜜蜂作为进化程度最高的昆虫，它们复杂的社会性带来巧妙的分工合作，在自然界有无可比拟的优势，但是大量蜂群定居在蜂巢内，或者劳动在田野里，也受到饕餮之徒的觊觎和威胁，多有各种各样的烦恼。在它们的周围，故害无处不在，其中有"既毁我室，又去我子"的熊、鼬和鼠等哺乳动物，又有实行空中袭击，采取各个击破的鸟类，还有乔装打扮混进蜂巢进行偷盗的同类，以及给蜂群致命伤的各种寄生性害虫和病菌。有时，污染的环境也能毁灭蜜蜂，甚至造成蜜蜂莫名其妙的死亡。

1. 贪吃蜂蜜的熊和鼬

各种熊都非常喜爱蜂蜜，它们经常在各处转悠，寻找蜂窝，一旦得手尝到甜头，就千方百计去发掘（图 11.1）。在 1987 年波兰的邮票上，养蜂人将蜂巢安置在大树杈上（图 11.2），棕熊就跟踪而来。在 1961

图 11.1

图 11.2

年苏联发行的动物邮票中，棕熊像人一样爬上大树，肆无忌惮地扒开蜂箱，乐滋滋地偷吃蜂蜜。有时，甚至把整个蜂箱拖走，可恶至极（图11.3）。

关于小熊吃蜜的故事，早在《圣经》中就有记载。民间有很多对付棕熊和黑熊偷吃蜂蜜的办法，就像乌克兰邮票上描绘的，养蜂老人采取多种多样的措施，不让棕熊上树，馋嘴的棕熊则在树下急得团团转（图7.22）。棕熊个头大，食量大，经过它的"光顾"，一窝蜂蜜就丧失殆尽，有时贪婪的熊还会将整个蜂箱搬走。但蜜蜂也不会轻饶这些偷盗者，即使它的毛多皮厚，也会遭到蜜蜂的拼命回击，所以俗语说"狗熊偷蜜遍体伤"。随着生态条件的变化，如今来自熊的威胁已经渐渐远去。

在热带雨林里，经常出没一种食蜜熊，它们是盗蜜高手，大多分布在南美洲，专门搜索树洞里的野蜂窝，伸出长长的舌头，舔食蜂蜜。在北婆罗洲，1902年和1956年发行的邮票上，两次出现过食蜜熊上树偷蜜的画面（图11.4、图11.5），可惜在今天用再多的蜂蜜也很难诱来食蜜熊了。

鼬俗称黄鼠狼，世界上大概有17种鼬。它们的身长腿短，行动十分敏捷，主要靠捕捉老鼠为生，有时会偷吃农家养的鸡，也喜欢偷吃蜂蜜。它们常常在夜深人静的时候钻进蜂箱，用肛门腺放出臭气，再摆动长大的尾巴，让臭气快速扩散，驱赶蜂群，然后将巢中蜂蜜吃得一干二净。最后，

图 11.3

图 11.4

图 11.5

还要再放个"臭屁"，把箱中蜜蜂全部熏倒，就逃之夭夭。被熏倒的蜜蜂，往往几天后就死伤殆尽，损失惨重。此外，狸和刺猬也会袭击蜂巢，猎食蜂蜜和幼虫。在罗马尼亚的邮票上，可以看到黄鼠狼（图11.6）。

图 11.6

2. 偷盗成性还污染蜂巢的老鼠

老鼠遍布世界各地，无论家鼠或田鼠都是蜜蜂的敌害，特别在蜜蜂越冬期间，它们进入蜂巢偷吃，它们的粪便污染蜂巢，造成更大的损失。

在蜂群越冬期间，蜂团收缩，巢脾大部分裸露。这时候也是老鼠四处觅食，蜂群危险的时刻。老鼠一旦发现蜂箱，便破箱而入，大肆偷吃蜂蜜和花粉，咬破巢脾，有的甚至在蜂箱内筑窝、生育，以蜜蜂充饥。它们粪便产生的臭味使蜜蜂骚动不安，蜂王和大量工蜂被迫出走，蜜蜂尸体散落一地，遭劫的景象十分惨烈。在许多邮票上都能见到老鼠（图11.7、图11.8）。

图 11.7

图 11.8

3. 守候在蜂箱口的蟾蜍

　　蟾蜍又称癞蛤蟆，世界各地都能见到。在中国有 6 种蟾蜍。在 2011 年新加坡的邮票上，可以一睹它的形态（图 11.9）。蟾蜍貌相丑陋，行动迟缓，知道自己吃不到飞翔的蜜蜂，但会守候在蜂箱周围，等候进出蜂箱的工蜂，只要它瞄准好了，迅速伸出的舌头，就会把工蜂或一些雄峰卷入嘴中。一只蟾蜍一

图 11.9

晚能吃掉几十甚至上百只蜜蜂，有时弄得规模较小的蜂群没有工蜂采蜜，逐渐走向衰亡。早在 19 世纪末 20 世纪初，德国军邮明信片上就能见到蟾蜍准备猎杀蜜蜂的画面（图 11.10），以此唤起养蜂人的注意。

图 11.10

4. 来自飞鸟的威胁

　　捕捉蜜蜂的鸟类有燕子（图 11.11）、山雀（图 11.12）和蜂虎等。燕子在农家屋梁上筑巢，出没在村庄附近，因此家前屋后养蜂，很容易遭燕子的捕杀。山雀的情况有点类似，是温暖地区的留鸟，在较寒冷的地区则是候鸟，它们的食谱中 70% 以上是昆虫，特别是鳞翅目幼虫，是

图 11.11

图 11.12

图 11.13

图 11.14

图 11.15

它们的家常菜。一般来说，鸟是害虫的天敌、农民的朋友，在中国如此，在欧洲也是这样。从瑞典和英国的邮票上都能见到山雀捕捉昆虫的画面（图 11.13、图 11.14）。这些鸟类，如果见到蜜蜂也不会轻易放过。在河边、湖边的树林中，各地都有种类不同的翡翠鸟，它们羽毛色彩丰富，非常美丽，大多以捕捉小鱼为生，有时因为捕不到鱼，也会捕食蜜蜂，对养蜂人来说这是无可奈何的事（图 11.15）。

　　捕捉蜜蜂最厉害的鸟类非蜂虎莫属，它们在山上崖洞或者墓穴中筑巢育儿，飞翔速度极快，动作凶猛，蜜蜂是它们主要的捕捉对象，而且捕捉时几乎是百发百中，被喻为"吃蜜蜂的老虎"。蜂虎捕捉蜜蜂不仅为自己果腹，大多用来喂养嗷嗷待哺的雏鸟。因此，春天育雏期间，捕

食蜜蜂的数量特别大。蜂虎的种类很多，在亚洲、非洲和欧洲都有分布，根据它们颈下和胸部羽毛的颜色，有栗喉蜂虎、红喉蜂虎、白喉蜂虎、黄胸蜂虎等。在我国海峡西岸生活着一种栗喉蜂虎，它们是珍稀候鸟，每年春夏季节来到金门，几个月后到菲律宾一带过冬。现在蜂虎的数量已经十分稀少。生活在其他地方的蜂虎，也早

图 11.16

已成了濒危物种和保护对象。在我国台湾，专门为生活在金门的栗喉蜂虎发行过邮票，介绍它们的种类、形态、居住环境，以及捕捉昆虫和喂养幼雏的情景（图 11.16、图 11.17）。在欧洲、奥地利和匈牙利发行的邮票上，都有蜂虎。前者还印有 WWF 的熊猫标志，说明它是欧洲的保护对象（图 11.18、图 11.19）。如今人们已经淡忘蜂虎给蜜蜂造成的危害。

图 11.17

图 11.18

图 11.19

5. 本是同根生的仇敌

在膜翅目中有许多种类，它们和蜜蜂有共同的祖先，有的也过社会生活，但不是素食者，喜欢捕食其他昆虫。蜜蜂不因亲缘相近得到赦免，反而因为数量大，又能生产美味的蜂蜜，往往在劫难逃，损失惨重。其中最凶恶的是胡蜂（图11.20）和马蜂（图11.21）。

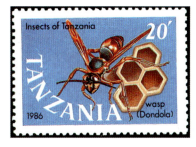

图11.20　　　　　　　　　　　图11.21

胡蜂和马蜂都属胡蜂科，它们的翅膀能纵向折叠。它们在各地都有分布，在山区林间尤为普遍，种类多、数量大，在树上或树洞里筑巢，经常出没在花园里。它们嚼碎的植物纤维，混入唾液，作为筑巢的原料。越冬的雌蜂，采取抱团御寒的办法，克服没有粮食贮备、缺乏保暖窝室的困境。熬过寒冬之后，雌蜂开始筑巢育儿，将捕捉到的毛虫，咀嚼成浆，用来喂养它们的后代。随着群体的变大，蜂巢也不断扩大。因为存在世代重叠现象，一个巢内可能有几个蜂王，蜂窝也硕大无比，并有多层包被（图11.22）。

图11.22

图 11.23

人畜偶尔触到它们，大批蜇人的胡蜂会发起猛烈的自卫反击战，即使水牛那样的大型动物，也会中毒、休克甚至丧命。2015 年澳大利亚发行了一套有毒动物邮票，专门介绍了欧洲胡蜂和牛头犬蚁，在副票中有文字说明（图 11.23）：它们的毒液能致人死亡，不仅是蜜蜂的天敌，而且威胁人命。

胡蜂捕捉蜜蜂的方法很多，最常见的是在蜂箱附近盘旋，伺机抓捕飞进飞出的工蜂；有的在蜂箱门口行凶，当场咬杀蜜蜂；有的胡蜂还直接攻入蜂巢，迫使蜜蜂弃巢逃离。近年来，有国外媒体报道，来自东方的"杀人胡蜂"已经扩散到欧洲，并开始入侵英国，一只胡蜂每天要杀死 50 多只蜜蜂，成为英国蜜蜂的一个新威胁。在法国还有多人被胡蜂刺伤，休克而死。这和当年媒体报道非洲"杀人蜂"有相似之处，不过这种胡蜂究竟属哪个种？它们来自哪里？媒体都没有详细报道。

（1）非洲蜾蠃

非洲蜾蠃（*Belonogaster juncea*），是原始的社会性昆虫，分布在撒哈拉以南的广大地区，在南亚和西亚也能见到。胸部黑褐色，头、腹褐色，腹部前端的细柄红棕色。足细长，飞行时腹部上翘，细足下垂。所有雌蜂都能产卵，它们还担任工蜂的职务，包括捕捉猎物、修建蜂巢、守卫家园和为蜂群供水等。筑巢时常常多头雌蜂同时参与。老雌蜂离去或死亡时，会有几头年轻雌蜂出来争夺"王位"，一时群龙无首，一片混乱，导致雌蜂停止产卵，蜂量减少。在1983年冈比亚发行的"有害昆虫"邮票中，有一头非洲螅赢，它停息在长着毛发的肌体上，螫刺就是瞬间的事（图11.24）。

（2）狭腹胡蜂

狭腹胡蜂（*Eustenogaster calyptodoma*），是马来半岛上特有的种，发现于20世纪50年代，它具有很多蜂类的原始特征。一个蜂群有1～2只雌蜂。雄蜂比例很高，大多"一夫一妻"。蜂群中没有分工明显的工蜂，雌蜂即使年龄较老，还要带领年轻的雌蜂去搜捕猎物。有的雌蜂羽化不久就会离开老巢去建新家，因此蜂群结构很不稳定。在1991年马来西亚的蜂类邮票上，有这种胡蜂，并配有专门的宣传邮戳（图11.25）。

图 11.24   图 11.25

（3）黄边胡蜂

黄边胡蜂（*Vespa crabro*），又称大胡蜂或欧洲胡蜂。在世界各地都有分布，特别在亚洲较多。雌蜂长25～35 mm，雄蜂和工蜂较为细巧。它的复眼像腰豆，翅橙红色，腹部褐色，有黄色斑纹。平时喜欢捕捉鳞翅目幼虫，在食物缺乏时，经常盗猎蜂蜜巢里的蜂仔，甚至捕捉工蜂，是蜜蜂可怕的天敌。用嚼碎的树皮纤维在树上筑巢,喜欢吸食流出的树汁,

图 11.26

图 11.27

破坏树木生长，也爱取食葡萄、苹果等多种果实。近年来种群数量有下降趋势，在德国已被列为保护物种。有人猎杀黄边胡蜂和它们的蜂巢，会被罚款。

在 1954 年匈牙利的邮票上，一只黄边胡蜂正在取食葡萄（图 11.26）。2005 年阿塞拜疆的蜂类邮票上，有一只巨大的黄边胡蜂，使人望而生畏（图 11.27）。

2001 年几内亚比绍发行厚纸豪华小型张，邮票上有黄边胡蜂外形，还可透视内部毒腺分布情况（图 11.28）；还有胡蜂筑巢的情景（图 11.29）：它先筑保护性包皮的基部，接着就建筑内部巢脾，这种纤维质巢的材料比较单薄，使用的年限不长。巢的包皮和巢脾几乎同时增大，最后包皮全部封闭，只在底部留一个不大的出入口，有工蜂把守，防止捕食者闯入。邮票上还有胡蜂螫人的镜头（图 11.30）。全套邮票的画面重复出现在 6 枚小型张的邮票上和边纸上，给人的印象非常深刻。2012 年几内亚比绍又发行蜂类邮票小型张，再次出现黄边胡蜂，弥补了 11 年前没有拉丁学名的缺憾（图 11.31）

（4）黄腰胡蜂

黄腰胡蜂（*Vespa affinis*），又称虎头蜂，分布在中国和东南亚等地。体长中等，雌蜂长 30 mm。体色以黑色为主，胸腹部多呈黄色或棕黄色。大多生活在海拔 1 000 m 以下的山间。在土穴里、石洞中、屋檐下，树杈上或草丛中营巢。巢径可达 60 cm。在我国香港，每年 4—11 月是雌蜂的活动季节。春秋两季可捕捉的昆虫很多，它们大量繁殖工蜂，扩大群体。在地下构筑一层又一层的巢脾。巢的四周有植物纤维构成的鳞片状外壳，下方有一个小口，供工蜂们自由进出。每年天气转冷，最后一批雌蜂和雄蜂羽化，经过交配的雌蜂，在树洞或向阳处抱团越冬，其他个体全部死亡。气候炎热的新加坡，终年都能繁殖，常常在海滨寻找死去的贝类，捕捉腐生在其中的蝇蛆，喂养它们的幼蜂。也猎杀别的蜂类作幼蜂的食料。成虫喜欢采集椰子树的花蜜，在 1991 年马来西亚的邮票上，有形象鲜明的黄腰胡蜂（图 11.32）。

（5）金环胡蜂

金环胡蜂（*Vespa mandarinia*），也称虎头蜂，是世界上体形最大、性情最凶的胡蜂，分布在亚洲的温暖地区。雌蜂体长 45 mm，头宽 4 mm。

图 11.28

图 11.29

图 11.30

图 11.31

图 11.32

图 11.33

体色变化较多，一般暗棕色，常有黄色条纹，尾端也呈黄色。每年春季，它们在土洞或树洞里筑巢产卵。一旦繁育出第一批工蜂，雌蜂就专职产卵，蜂群迅速扩大。夏天，老蜂王死去，新生的蜂王继位。一年发生 3 代。它们的飞速极快，经常猎杀蜜蜂，有时 5 ~ 7 头胡蜂联合杀入蜂巢，先消灭守卫的工蜂和雄蜂，使得蜂巢内外蜂尸成堆。接着掳走幼蜂，蜂房被洗劫一空，惨不忍睹。有人用摄像头记录过 30 只金环胡蜂，扑杀上万只蜜蜂的惨剧。金环胡蜂不但个体硕大，而且体壁坚硬，大颚尖利，普通蜜蜂根本不是它的对手。唯有东方蜜蜂有奇招，它们能召集众多的工蜂，聚成一个蜂球，将来犯者团团围住，让蜂球内产生出高温，热死金环胡蜂。金环胡蜂也吃含糖多的水果，如桃、梨、葡萄和苹果等，给果园带来重大损失。果农如果上山不小心，踩到暗藏在地下的蜂窝，像踩到地雷一般，躲在地下的杀手蜂拥而上，后果不堪设想。

在 2009 年朝鲜的邮票上，有凶恶的金环胡蜂（图 11.33）。

（6）东方胡蜂

东方胡蜂（*Vespa orientalis*）和金环胡蜂容易混淆，主要分布在南亚次大陆，在马达加斯加也有发现。近年来，通过人为因素，已经扩展到美国和墨西哥。雌蜂体长 25 ~ 35 mm，雄蜂和工蜂略小一些。2012 年以色列和英国科学家研究发现，东方胡蜂的棕褐色身体中，腹部有两节是黄色的，表皮下面的黄嘌呤能吸收太阳能，激活体内的代谢酶，为胡蜂活动提供能量。因此，东方胡蜂与一般胡蜂不同，不在清晨活动，而在阳光下特别活跃。因为身上提供能量的"光伏电池"，需要吸收光能。

在 2012 年布隆迪的蜂类邮票上，有一头东方胡蜂，展翅伸肢，形象完整而且优美，腹节上黄色的"光伏电池"，清晰可见（图 11.34）。

（7）普通胡蜂

普通胡蜂（*Vespa vulgaris*），广泛分布在亚欧大陆，在我国也有分布，后来被引进到澳大利亚和新西兰。雌蜂体长 20 mm，有红黄两色组成的警戒色，和德国胡蜂很相似，常在庭院中用木材纤维的混合物筑巢。巢柄周围有特殊的化学物质，不但牢固，而且能驱赶蚂蚁。春天，雌蜂在产卵之前，先建 20～30 个六角形的巢房，接着就在巢房中产卵，雌蜂靠自己捕捉昆虫来饲育幼虫。等幼虫临近老熟，便封住巢房。大批羽化出来的工蜂，积极参与蜂巢建设，巢脾的层次不断增加，外面还有厚厚的保护壳。蜂群中数量能达 5 000～10 000 头。在新西兰的榉树林中，普通胡蜂的数量非常惊人，按重量计算，超过林中的鸟儿。普通胡蜂的螫刺与蜜蜂不同，没有倒刺，所以能连续多次螫人。

在 1986 年尼日利亚发行的邮票上，有普通胡蜂，它正在为筑巢选择合适的地方（图 11.35）。

图 11.34　　　　　　　　　　　　　　　图 11.35

（8）双金环胡蜂

双金环胡蜂（*Vespula ducalis*），即双金环虎头蜂，分布在我国海峡两岸的低海拔山区。前胸背板黑褐色，腹部前端有黄色环纹，后端呈黑色，因此又称黑尾胡蜂。它们在土穴、石洞或树洞中筑巢，成虫取食花蜜，有时捕食蜜蜂或其他蜂类的幼虫和蛹。

在 2012 年我国台湾发行的蜂类邮票中，有这种双金环胡蜂（图11.36）。

（9）德国胡蜂

德国胡蜂（*Vespula germanica*），个体较大，主要分布在欧洲，在亚洲也能见到。头胸部黑色，腹部黄色，每节都有黑斑。

在 2012 年布隆迪的蜂类邮票中，有一只典型的德国胡蜂（图 11.37）。

图 11.37

图 11.36

（10）造纸马蜂

造纸马蜂（*Polistes dominula*），也叫欧洲马蜂，广泛分布在南欧、北非和亚洲的温暖地区。在我国，因经常捕杀柞蚕，所以人们称之为柞蚕马蜂。造纸马蜂是典型的社会性蜂类。1968 年开始进入美国，至 20 世纪 80 年代已经遍布北美各地，并且取代了当地原有的马蜂，后来又扩散到南美，成为典型的外来入侵物种，很受美国和加拿大社会与民众的关注。雌蜂每年独自构筑新巢，春天产卵，繁殖后代。它们会主动吃掉不够格的卵，还会摇摆腹部，敲击蜂巢，发出声响或气味，抑制工蜂的卵巢发育，让它们放弃生育，专事各项后勤工作，如筑巢、捕捉猎物、哺育幼蜂。原先的雌蜂有时会主动离去，让第二号雌蜂来统率蜂群。从中可以看到分蜂的雏形，更能看出它进化的痕迹。

在 2010 年几内亚比绍发行的蜂类小全张上，有造纸马蜂和它们的蜂巢（图 11.38、图 11.39）。

图 11.38

图 11.39

图 11.40

图 11.41

（11）黑马蜂

黑马蜂（*Polistes fuscatus*），又称中美洲胡蜂，主要分布在美洲中部。虫体比较细长，体色有的偏黄，有的偏黑，腹部黄黑相间，有明显的环纹。

在 1989 年英属阿森松群岛的昆虫邮票中，有这种体长 180 mm 的黑马蜂，还有六角形结构的蜂窝（图 11.40）。在 1992 年蒙特塞拉特岛发行的昆虫邮票上，也有黑马蜂，2 只雌蜂正在照看巢房内的幼蜂（图11.41）。

（12）约马蜂

约马蜂（*Polistes jokahamae*），体黄色到红棕色。分布范围很广，从我国的华东到西南地区，从东南亚到南太平洋岛国，都能见到它们。它们能适应多种气候条件。习性和一般马蜂相同。

2013 年新西兰的库克群岛（图 11.42）和英属皮特凯恩群岛（图 11.43）都发行了约马蜂邮票，有趣的是两者体色差异很大。后者正在构筑蜂巢。

图 11.42

图 11.43

图 11.44　　　　　　　　　　　　　　图 11.45

图 11.46

（13）法国马蜂

　　法国马蜂（*Polistes gallicus*）和造纸马蜂的形态相似，在欧洲十分常见，过去文章中经常将它们混为一谈。1971 年比利时的昆虫邮票上有其头部的特写镜头，放大的复眼和触角，形象十分威武（图 11.44）。1984 年科特迪瓦的邮票上，有法国马蜂的整体形象（图 11.45）。

（14）中华马蜂

　　中华马蜂（*Polistes chinensis*），分布在中国、日本等亚洲国家，主要生活在温暖地区，据说曾经在 1979 年入侵新西兰。有趋光性，喜欢取食成熟的浆果或昆虫尸体，最喜欢捕食鳞翅目幼虫。中华马蜂是许多棉花害虫的天敌，有时也猎杀蜜蜂和柞蚕，因此也是一种害虫。2010 年北京昆虫学会成立 60 周年发行的个性化邮票中，有一只中华马蜂，正在用上颚撕咬一头菜青虫（图 11.46）。

6. 掠蜜劫巢的蚂蚁

蚂蚁虽然和蜜蜂同属膜翅目，而且也过严密的社会生活，但它们一般没有翅膀，在地下筑巢，在地面活动，食性很杂，不断派出工蚁四处搜寻食物。在蜂箱周围，只要有一只蚂蚁刺探到蜂巢的情报，就会招来大批蚂蚁，它们闯入蜂箱，狂吃蜂蜜，还啃毁蜂箱，甚至在蜂箱内建造巢穴，安营扎寨。蜜蜂受到蚂蚁的侵袭和骚扰，变得性情暴躁，容易螫人，情况严重时会出现蜂群弃巢逃逸的局面，所以蜂箱中出现蚂蚁是蜂蜜的灾难，也是养蜂人的大忌。

（1）牛头犬蚁

牛头犬蚁（*Myrmecia gulosa*），又称红牛蚁，分布在澳大利亚东部。因为有独特的吸贮蜜汁的本事，所以又称之为"蜜蚁"。1770 年，英国博物学家班克斯（Joseph Banks，1743—1820）（图 11.47) 收集和鉴定了牛头犬蚁，使它成为在澳大利亚被收藏的第一个昆虫标本，后来成了澳大利亚动物学和昆虫学的标志。牛头犬蚁体长 15 ～ 30 mm。头部和胸部红棕色。腹部一半黑色，一半黄棕色。成虫上颚细长发达，上面有锋利的锯齿。腹部有螫刺，被蜇一次会剧痛几天。和大多数蚂蚁不同，它们的视力比较发达，在 2 m 之外就能发现入侵者。在系统进化方面比较原始，大多过低级的社会生活，极富攻击性。有些单蚁独居，工蚁间很少相互合作，但能和雄蚁交配，并能繁殖后代。在地下建巢，周围有错综复杂的通道。

牛头犬蚁捕食昆虫和蜘蛛，有时蜜蜂和其他蚂蚁都会被它们猎杀，但咀嚼能力较差，只会吸食汁液。它们常用果汁喂食幼蚁，喜欢在无脉相思树上护养蚜虫，取食蜜汁，如同养牛挤奶一样，所以是名副其实的蜜蚁。工蚁嗉囊贮存大量蜜汁，使腹部体积增大几倍，形同一个圆球，整整齐齐地倒挂在蚁巢顶上，能保持几个月不动。当蚁巢内缺粮时，它们就开始排出蜜汁，反哺其他个体。在面临饥饿的紧急关头，它们还会舍弃不育卵，用来喂养蚁后和幼蚁。

在 2001 年几内亚的邮票中，有这种牛头犬蚁（图 11.48）。在 2012 年津巴布韦发行的"蚁蚂与白蚁"邮票上，一头蜜蚁正在舔食蚜虫腹部的蜜露（图 11.49）。

图 11.47

图 11.48

图 11.49

澳大利亚昆虫学会以牛头犬蚁为标识。1972 年在堪培拉召开第 14 届国际昆虫学大会，会标就是这种蚂蚁。2004 年在布里斯班召开第 22 届大会，同样用牛头犬蚁作会标，这次蜜蚁的肚子已经吃胀大成圆球了。两次大会都有特别的宣传邮戳，也是大会的标志。通过两个会标，可以

看到牛头犬蚁的行为和功能，更能看出它们在澳大利亚人心中的地位（图11.50、图11.51）。

图 11.50

图 11.51

（2）小黑蚁

小黑蚁（*Monomorium minimum*），是最常见的蚂蚁，同属有300多种，分布在旧大陆各地。个体较小，体黑有光泽。蚁后长4～5 mm，工蚁体长1～2 mm。小黑蚁实行一夫多妻制。巢内往往有几头蚁后，几千头工蚁。工蚁是大自然的清道夫，从鸟粪到昆虫尸体都能成为它们的食物，但更喜欢在田间寻找蚜虫，舔吃它们的蜜露。巢大多筑在石头下、草地里或墙缝下。据实验室观察，蚁后只有一年寿命，工蚁只能生活4个月。仲夏季节出现有翅的成虫，飞入空中交配，雄蚁交配后就很快死去，雌蚁脱下翅膀，回到地下巢中，构建自己的新窝，不断生产工蚁，建立新的蚁群。它们特别喜欢甜食，常常成为我们厨房、餐厅的不速之客，因此被人排斥，甚至遭到杀灭。但欧洲人喜欢小黑蚁，邮票上经常有它们的身影。在1998年马里的邮票中，有一头棕色小黑蚁（图11.52）。在2007年塞内加尔的邮票上，也有小黑蚁（图11.53）。在2002年密克罗尼西亚发行的昆虫小版张上，有小黑蚁和它的蚁巢纵剖面（图11.54）。

图 11.52

图 11.53

图 11.54

（3）普通黑蚁

普通黑蚁（*Lasius niger*），分布在全欧和亚洲以及北美的部分地区。体色棕褐色或黑色。虫体比小黑蚁略大，蚁后体长 7～9 mm，工蚁体长 3～5 mm。一个蚁群有 4 000～7 000 头工蚁。蚁后寿命能达 12 年。每年夏秋季节，刚羽化的具翅蚁，就开始婚飞交配。雌蚁在交配以后，翅膀脱落，同时降解失去功能的飞行肌，作为营养，准备过冬。来年蚁后在石头下或泥土中，选择洞穴筑巢，或在枯树朽木的洞中筑巢。有的不造新巢，只将老的蚁窝作一番修整。蚁巢有许多通道，蚁后居住在通道尽头、空间较大的土室中。婚后就封闭居室的出入口，集中全力产卵。卵白色，肾状形。大量幼蚁孵化以后，由蚁后亲自喂养。蚁后在饥饿时会吃掉一些卵作补充营养。幼虫老熟时吐丝结茧。羽化出来的新工蚁，

外出四处觅食。有了充足的食物，蚁群就不断壮大，个体也变得日益强壮。它们取食小动物尸体、残羹剩饭和种子果实，最喜欢取食的是草莓一类的地面浆果。

在 1996 年扎伊尔的邮票上，有普通黑蚁（图 11.55）。1997 年多哥为童子军 90 周年发行的昆虫邮票上，也有一头普通黑蚁（图 11.56）。

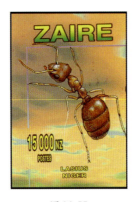
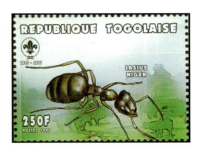

图 11.55   图 11.56

（4）红林蚁

红林蚁（*Formica rufa*），原产欧洲大陆和英伦三岛，在美洲北部也有分布。在我国有红林蚁属的一些近缘种。红林蚁栖歇在阔叶和针叶的混交林中，许多公园中都有它们的足迹。虫体腹部黑色，其余黄色，头部背面有黑斑。体长 4.5 ～ 9 mm。上颚较大，腹部能喷射蚁酸。1671年英国博物学家约翰·雷（Ray J.，1627—1705）（图 11.57），采集到大量的红林蚁，用蒸馏法分离出一种化合物——甲酸，这是人类得到的第一种有机化合物。因为它来自蚂蚁，所以也称它为蚁酸。早期被误认为是信息素，实际上是蚂蚁用它作为防卫的化学武器。红林蚁的蚁巢大多筑在砍伐过的林地内，或林中腐朽的树桩旁，特别喜欢能见阳光的草地。蚁巢口形成明显的土丘，有数米宽和高。红林蚁有很强的领地观念，有时会对邻近的蚁群发动疯狂的边界战争。即使有蛇窜入它们的领地，也会遭到猛烈的攻击，最后入侵者往往寡不敌众，惨死于群蚁之口。蚁群中通常有上百头蚁后，有 10 万～ 40 万头工蚁。已经产卵的蚁后，会再次婚飞交配，不断扩充蚁巢。有的蚁后会抢夺别种林蚁的巢穴，赶走老蚁后，取而代之。工蚁一般取食蚜虫的蜜露，同时，它们也吃其他昆虫、蜘蛛和动物腐尸。它们是森林中的清道夫，保洁范围达 100 多米。

红林蚁邮票最早出现于 1961 年的波兰昆虫邮票中（图 11.58）。1962 年民主德国邮票上有具翅的蚁后和正在搬蚁茧的工蚁，从背景中可以看到树林中高高隆起的蚁冢（图 11.59）。

1992 年保加利亚发行过有红林蚁的普票（图 11.60）。2002 年白俄罗斯发行过红林蚁邮票和小本票与小型张（图 11.61、图 11.62），全面反映了它们的形态、栖息地、蚁巢口的土丘和内部结构。在小型张的边纸上，有冷杉林中的蚁冢。邮票中有卵、幼蚁、蛹和茧，以及有翅成蚁。

在 2009 年联合国保护濒危动物的邮票上，红林蚁也在保护之列（图 11.63）。各种红林蚁的邮票，帮助我们了解红林蚁多姿多彩的形态和生活。

图 11.57

图 11.58

图 11.59

图 11.60

图 11.61

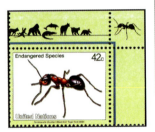

图 11.63

图 11.62

（5）棕褐沙林蚁

棕褐沙林蚁（*Formica rufibarbis*），在亚欧大陆各地多有分布，从西伯利亚西部到葡萄牙都能见到。它的头部红色，背板多毛。红色的并胸节上，有许多鳞片。蚁后体长 9～11 mm，工蚁长 4～8 mm。在沙堤下 300 mm 处筑巢，蚁巢仅一个进出口，不易被人发现。外出觅食的工蚁，也是单独行动，行为拘谨。它们回巢能力很强，百年之前有人认为是它们特别发达的视觉，后来才知道是多种信息素引导了它们。一个蚁群有 1～3 只蚁后，早春开始产卵，到 6—7 月新一代羽化，有翅蚁就进入婚飞交配期。

早在 1851 年，在大英博物馆工作的蚂蚁学家史密斯（Smith F., 1805—1879）就提到过这种棕褐沙林蚁；1881 年埃夫百里勋爵（Lord Avebury，1834—1913）（又

图 11.64

称卢伯克爵士）给它们定了名；1927 年有人在英国出版专著，谈论这种不显眼的蚂蚁，可是到了 20 世纪末，这种司空见惯的蚂蚁，在英国却成了稀有物种，被列为濒危物种而进入红皮书。英国在 2011 年发行的"濒危昆虫"邮票，票中有 10 种昆虫，棕褐沙林蚁就在其中，这对养蜂来说是个福音（图 11.64）。

（6）热带火蚁

热带火蚁（*Solenopsis gemirata*），原产美国南部到圭亚那一带，与红火蚁亲缘关系很近，两者常常被混淆。它们都是险恶的入侵昆虫，现已扩展到南美许多地方，并入侵我国台湾、香港、广东、广西、海南、浙江等地。

热带火蚁有红、黑两型，红型栖歇在阳光充足的开阔地区，黑型栖歇在郁闭的林地。热带火蚁在地下筑巢，地面有隆起的土丘，洞口有少数兵蚁把守。巢内有成千上万的工蚁，经常有侦察蚁在周围搜捕猎物，它们的食物不仅有昆虫、蜘蛛、环节动物和软体动物，体形不大的爬行动物和哺乳动物，也抵挡不住成群工蚁的袭击，最后只能葬身蚁腹。有的还能上树，捕捉昆虫，或舐食蚜虫身上蜜露。热带火蚁一年婚飞交配几次，时期不定。那时候工蚁们在蚁巢门口助威，促进雄蚁和雌蚁完成终身大事。

已经交配的蚂蚁，可能趁着婚飞，随风四处扩散，落地以后就建立新巢，逐步拓展地盘。近年来随着交通运输的发展，搭便车和便船的火蚁，迅速在各地安营扎寨。火蚁入侵，不仅给当地生物多样性带来灾难，而且由于它们疯狂繁殖，螫刺人畜，使受害者皮肤肿疼、发泡，甚至中毒死亡，成为严重的公害。农民在田间劳作时，误踩蚁巢，工蚁们会立即群起攻之，往往酿成大祸。幸运的也免不了腿脚受螫，红肿起泡，痛痒几天。火蚁还会啃食电缆，破坏电力设施和通信设备，给国民经济造成损失。

在 1998 年马里的邮票上，就有红型工蚁（图 11.65）。

图 11.65

7. 无处不在的其他害虫

蜜蜂生活中经常遇到多种昆虫造成的麻烦，工蜂的自卫武器螫针，大多就是用来对付那些捕食性昆虫的。

（1）蜻蜓和螳螂

当工蜂外出采蜜时，在飞行途中会遭到蜻蜓的猎杀，在花丛里时常有螳螂在守候，它们一旦挥动大刀般的前足，勤劳的工蜂就会同澳大利亚邮票上的豆娘一样（图11.66），很难逃脱，就无声无息地惨死在花朵上。

图 11.66

（2）食虫虻

食虫虻也是蜜蜂的敌人，腹部细长，黑色身体带着白色环纹（图11.67），忙忙碌碌的蜜蜂常常误认它是同类，而惨遭杀戮。食虫虻多在夏秋季节捕捉蜜蜂，当它们在空中逮住蜜蜂时，会亲密地拥抱蜜蜂，然后伸出口针刺入蜜蜂颈部，吸食蜜蜂的血液和蜜囊中的花蜜，直至将蜜蜂置于死地才放手。在马达加斯加邮票上，可以看到食虫虻捕食蝗虫的状态；在西南非洲邮票上，盖着一枚蜜蜂邮戳，就像一盘端给食虫虻的美味大餐（图11.68）。雄性食虫虻会将它转手送给雌虫，作为交配前的彩礼。

图 11.67

图 11.68

（3）郭公虫和鬼脸天蛾

盗蜜的昆虫大多是造假高手，如2007年列支敦士登邮票上的郭公虫，正在蜂箱外边搜索（图11.69），它们不但能模拟蜜蜂的样子，翅上有红黑相间的横条纹，还能散发和蜜蜂一样的气味，骗过蜜蜂的警卫，进入蜂箱里面去偷蜜，甚至猎杀蜜蜂的幼虫。饕餮成性的鬼脸天蛾，也靠这种化学拟态法混进蜂巢，对贮藏蜂蜜的蜂房进行逐个搜索，用它长长的喙，把蜂蜜吸得干干净净，而众多的蜜蜂竟然对这种失窃一般都毫无觉察，最终造成巨大的损失。从卡塔尔的邮票中，可以看到鬼脸天蛾成虫和幼虫的样子（图11.70）。

图 11.69

图 11.70

（4）蜂巢小甲虫

在美国、澳大利亚和非洲南部，生活着一种蜂巢小甲虫（*Aethina tumida*），体长只有5 mm左右，全身黑褐色，虽然前翅较短，但并不妨碍它的飞行。进入蜂巢以后，能快速爬行，不停地取食花粉、蜂蜜和巢脾，并在蜂巢中产下白色香蕉形的卵粒，10多天后孵出大量幼虫，同样在蜂巢中取食花粉与蜂蜜，给蜂巢带来的灾难是毁灭性的。小甲虫的幼虫老熟后，便潜入土中化蛹。它们繁殖快，扩散能力强，数量巨大的成虫和幼虫会把整个蜂箱糟蹋得破败不堪。2010年几内亚比绍发行的蜂巢小甲虫邮票和小型张，介绍了它们的形态和危害状，以及在世界上的分布情

况（图11.71、图11.72）。从中可以看出蜂巢小甲虫已经遍及三大洲，对我国的养蜂业威胁很大，对外检疫部门把它们列为重要的检疫对象，希望通过法规防治手段把它们挡在国门之外。

图11.71

图11.72

（5）蜘蛛

蜘蛛属节肢动物门蛛形纲，它们有4对足，大多数有8个单眼。蜘蛛虽然没有翅膀，但有捕捉昆虫的特技，张网是常用的一招，当蜜蜂落入网中，它们会吐丝将其缠得严严实实，吸干它的汁液，或者贮存起来。在马来西亚和圣维森特的格林纳丁斯邮票上，有喜欢扑杀蜜蜂的落新妇蜘蛛和金蛛蜘蛛（图 11.73，图 11.74）。还有胡蜂蜘蛛，它已经捕捉成功，将蜜蜂缠绕成茧子一样（图 11.75）。

图 11.73

图 11.74

图 11.75

（6）蜂螨

蜂螨是蜜蜂的大敌。它们属蛛形纲，虫体长不到 1 mm，肉眼难以发现。世界各地有 80 多种寄生螨（图 11.76），它们主要寄生在意大利蜂身上，被寄生的蜜蜂，变得性情烦躁，体质下降，寿命缩短。在我国常见的有大蜂螨和小蜂螨两种。它们不但吸蜜蜂的血，而且是多种病毒的传播者。严重的螨害，会给蜂群带来灭顶之灾。第 8 届国际蜱螨大会，认真研究了蜂螨的药剂防治问题，主办国捷克发行了纪念邮戳（图11.77）。

图 11.76   图 11.77

（7）病害

　　蜜蜂的幼虫腐臭病、囊状幼虫病、白垩病、螺原体病、微孢子病等都严重威胁蜂业生产，所以世界各地养蜂人对蜂病防治极为重视。在2001年乌拉圭的邮票上，养蜂专家正在现场研究蜂病防治（图17.78）。

8. 环境恶化的危害

　　蜜蜂对农药十分敏感。当环境受到农药污染时，无论在农田或花圃，接触农药的蜜蜂都会大批死亡。几乎所有害虫在遭遇杀虫剂时，死亡的是敏感个体，留存的是抗性个体，因此，在农药面前害虫会变得越来越顽强。但蜜蜂在喷药的环境里，死去的总是不会生育的工蜂，它们即使获得抗药性也无法遗传后代。在生产中，尽管养蜂人千方百计让蜜蜂远离农药，但蜜蜂中毒死亡的事故还是常有发生。我们从邮票上可以看到，为了消灭农田害虫，铺天盖地的农药不仅污染开花的植物（图11.79、图11.80），同时也会污染水源，让蜜蜂、蝴蝶，甚至鸟类都无法回避。一旦蜜蜂中毒死亡，总是大批的，损失十分惨重（图11.81）。不良的生态环境，使蜜蜂深受其害。在土耳其的蜜蜂小型张上（图11.82）可以看到，美丽乡村，茂密林木，花朵盛开，让蜜蜂忙忙碌碌，愉快地生活；气候恶化，大地干裂，树木枯萎，胁迫蜜蜂倒地而死。

图 11.78

图 11.79

图 11.80

图 11.81

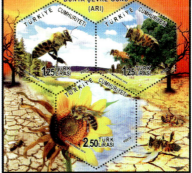

图 11.82

养蜂人的组织与交流

人类在上千年的养蜂过程中，利用和开发野蜂、培育优良蜂种、改良蜂巢环境、制作蜂箱以及利用蜂产品等各个方面，都作了许多探索和研究，成立了自己的组织，积累了大量经验，使得蜂群数量越来越多，养蜂事业在许多地方得到快速发展。

1. 前人研究蜜蜂的足迹

1625 年，意大利人斯特鲁替巧妙利用伽利略制作的原始望远镜片，观察了蜜蜂，绘成了工蜂的形态图，至今还留存在意大利国际昆虫学会的会徽上（图 12.1）；后来随着显微镜的出现和完善，1673 年，荷兰人列文虎克开始描述蜜蜂的微观形态。从苏联的邮资明信片和格林纳达千禧年邮票中，可以看到列文虎克的肖像和当年使用的显微镜（图 12.2、图 12.3）。

图 12.1

图 12.2

　　1758 年，瑞典博物学家林奈为蜜蜂定名，有关蜜蜂的知识逐渐进入现代生物学领域。从瑞典的邮票上，可以看到这位伟大的博物学家青年时代身着拉普兰服装，风尘仆仆，到处采集标本的神态（图 12.4）和晚年功成名就、获得皇家爵位后的形象（图 12.5）。

图 12.3　　　　　　　　　图 12.4　　　　　　　　　图 12.5

　　南斯拉夫养蜂专家扬沙和瑞士同行于北在 1771 年发现蜂王性生活的秘密。蜂王和雄蜂虽然共同生活在一个蜂巢内，却从不近亲交配，而选择在巢外广阔天地中择偶，在蓝天白云下做爱。看起来它们的性生活既严谨又十分浪漫，实际上只是为了种族繁衍的明智选择。扬沙的惊人发现，为世界养蜂事业的发展，作出了杰出贡献（图 12.6）。

图 12.6

　　1814 年，乌克兰人普罗科维奇发明柜式（屉式）蜂箱，又制造人工巢础和分蜜机，2000 年乌克兰为他发行了纪念邮票（图 12.7）。

　　20 世纪初，波兰养蜂专家齐丛设计的双层盒式蜂箱开始在欧洲普及。他在 1845 年还发现雄蜂是由未受精卵发育出来的。鉴于齐丛对养蜂业的巨大贡献，波兰多次为他发行邮票和明信片（图 12.8—图 12.10）。

　　19 世纪中叶，郎斯特罗什出版了《蜂箱与蜜蜂》一书，专门介绍活

图 12.7

图 12.8

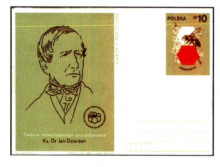

图 12.9

图 12.10

框式蜂箱，为现代养蜂业奠定了基础，养蜂业的学术研究和交流活动也由此步入科学发展的道路。从卢旺达在 1982 年为世界粮食日发行的邮票中，可以见到风靡全球的活框式蜂箱（图 12.11）。后来在发展中国家普遍推广，成为世界粮农组织工作的一部分，取得了巨大的成就。

19 世纪后期，用活框养蜂已经成为一些人时髦的爱好。比利时人诺贝尔文学奖获得者梅特林克就是杰出的代表，他的作品《蜜蜂的生活》，在世界各地产生很大的影响。作为文学作品，梅特林克用人文主义观点宣扬了蜜蜂的生活，歌颂了蜜蜂的爱情和生死。书中给人印象深刻的内容，都来自他对蜜蜂生活细致入微的观察，因此它的科学意义也非常明显。从邮票上可以看到，梅特林克的两边，都是排列整齐的蜂巢图案，衬托了他深厚的蜜蜂情结（图 12.12）。

图 12.11　　　　　　　　　　图 12.12

2. 养蜂人的组织和国际会议

养蜂爱好者们成立自己的组织，已经有悠久的历史。挪威养蜂协会成立于 1884 年（图 12.13）。奥地利养蜂协会成立更早，到 1989 年已经有 125 年的历史（图 12.14）。之后许多国家陆续成立了养蜂协会，活动十分频繁，罗马尼亚养蜂协会就是其中颇有名望的一员（图 12.15）。在此基础上，国际养蜂联合会成立了，并出现了地区性联合组织。

图 12.13

图 12.14　　　　　　　　　　图 12.15

在叙利亚的邮票上，可以得到阿拉伯养蜂协会成立一周年纪念的信息（图 12.16）。许多国家成立研究机构，研究养蜂的科学理论和技术，其中最早的机构是建在英国哈文登的洛桑试验站（图 12.17）。

图 12.16

图 12.18

图 12.17

在罗马尼亚的邮票上，可以看到蜂巢形的建筑物，它是著名的罗马尼亚养蜂研究所（图 12.18）。1996 年比利时发行了一套昆虫小本票，封面是已有 150 年历史的布鲁塞尔皇家自然科学博物馆（图 12.19）。该馆为 1897 年召开第一届国际养蜂大会和成立国际养蜂协会作出过贡献。之后每隔 2～3 年轮换在欧洲一些大都市召开大会，交流养蜂经验，探讨学术问题，展销养蜂产品。比利时养蜂学会的活动，影响到他们的昆虫学会，蜂巢成了昆虫学的标志（图 12.20）。国际养蜂会议曾经两度受到世界大战的干扰，没有按期召开，但会议的频度和纪念邮票的数量都是国际产业界和学术界少有的。1956 年第 16 届国际养蜂大会在维也纳召开，奥地利首次推出会议专门邮戳（图 12.21），邮品敲响了宣传养蜂业的锣鼓。1963 年在布拉格召开第 19 届国际养蜂大会时，有 33 国派出 1 000 名代表参加，捷克斯洛伐克为大会发行了纪念邮票（图 12.22）。第 20 届大会于 1965 年在布加勒斯特召开，与会代表达到 2 000 人，会议盛况空前，罗马尼亚为这届大会发行了 2 枚纪念邮

图 12.19

图 12.20

图 12.21

图 12.22

票，票中有欧洲黑蜂采花，以及会场外景（图 12.23，另见图 13.51）。
1971 年在莫斯科召开第 23 届大会，苏联不但发行了纪念邮票，而且还
发行了邮资纪念封和配套的纪念邮戳（图 12.24）。1973 年第 24 届大
会在布利诺斯艾利斯召开，这是养蜂大会第一次在欧洲以外的国家召开，
阿根廷启用大会宣传邮戳（图 12.25）。

图 12.23　　　　　　　　图 12.24

图 12.25

　　第 29 届大会 1983 年在布达佩斯召开，出席代表增至 4 000 人，规
模惊人，匈牙利发行了纪念邮票，记录养蜂界罕见的盛事（图 12.26）。
第 30 届大会开始走出欧洲，1985 年在名古屋召开，日本发行的纪念邮
票中，蜜蜂传粉的草莓已经结出硕果，使人耳目一新。同时邮政部门推
出首日封和邮戳，当时会议气氛因此空前活跃（图 12.27、图 12.28）。
第 31 届大会 1987 年在华沙召开，波兰发行了一套 6 枚的特种邮票（图

图 12.26

图 12.27

图 12.28

12.29，另见图 4.7、图 4.16、图 5.1、图 5.2、图 5.3、图 11.2），并有大会纪念邮戳。另外还发行了 2 枚邮资明信片，在明信片中不但有大会会徽，而且有齐丛早年的画像。邮票记录了波兰国内 3 届养蜂大会的历程，第 1 届 1929 年在波兹南、第 2 届 1985 年在克拉科夫、第 3 届 1987 年在华沙。1991 年南斯拉夫为将要在斯普林特举行的第 33 届养蜂大会发行纪念邮票（图 5.17），但那次大会因为南联盟解体，政局动乱而流产了，后来改由中国主办。

图 12.29

　　1993 年在北京召开了第 33 届国际养蜂大会，我国发行了一套蜜蜂

特种邮票，大会印制了超大的纪念封（图12.30），国际养蜂协会联合会主席波尔耐克和当年我国养蜂学会理事长和秘书长签了名。波尔耐克在大会开幕词中，对南斯拉夫为筹备大会付出劳动的人们致敬，并为大会流产而惋惜。

　　第35届大会于1997年在比利时安特卫普召开，当时刚好距布鲁塞尔召开的首届大会100周年，比利时发行了一套饱含蜜蜂生物学的邮票（见图4.2、图5.11、图5.23等），并用养蜂场的景观作为小本票的封面（图12.31）。邮品的内涵丰富，印刷非常精美，颇具纪念意义。

　　多届国际养蜂大会的特种邮票，内容都十分丰富，但多无详细文字说明，没有反映邮票与养蜂大会的关系，这是一个明显的缺憾。

图 12.30

图 12.31

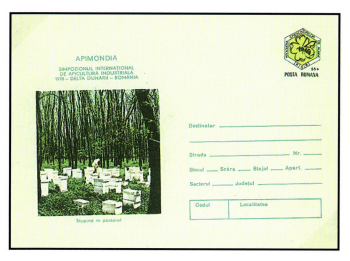

图 12.32

图 12.33

3. 养蜂的地区性组织和会议

　　邮票还记录了不少地区性养蜂组织和会议。例如，1978 年在罗马尼亚召开的养蜂研讨会（图 12.32）；1980 年在印度新德里召开的第 2 届国际热带养蜂大会（图 12.33）；阿拉伯国家有联合养蜂组织，1998 年在约旦召开过第 2 届阿拉伯养蜂会议（图 12.34），利比亚曾经为此发行过一套 3 枚的养蜂邮票（图 12.35）；2000 年南斯拉夫召开的第 13 届养蜂会议（图 12.36）。以上都是地区性养蜂会议。

STAMPS OF HONEYBEE

166　蜜蜂邮花

图 12.34

图 12.35

图 12.36

图 12.37

　　1987 年奥地利举办蜜蜂与胡蜂展览会，期间推出纪念邮戳（图 12.37）；同年，尼维斯的养蜂邮票上，养蜂人在培育蜂王的现场进行考察（图 12.38）；领奖以后大家合影留念，这是难得的反映养蜂活动的邮票（图 12.39）。养蜂既是生产活动，又是社会活动。在格林纳达纪念童子军 75 周年的邮票上，童子军们到蜂场学习养蜂，受到社会欢迎（图 12.40）。

图 12.38

图 12.39

图 12.40

象征勤劳和财富的蜜蜂文化

走在繁华的欧洲街头，徜徉在名胜古迹之间，随时可以见到蜜蜂的形象，或者古老蜂巢的标志。蜜蜂和蜂巢是一些国家邮政和储蓄的标志，更是一种文化的体现。

1. 以蜜蜂和蜂巢作图腾

1887 年德国埃森私人邮政邮票上，小邮递员驾着蜂蜜当直升飞机，快马加鞭去送信（图 13.1）。在人们的心中，蜜蜂是勤劳的化身，蜂巢是财富的象征。早在 1864 年奥斯陆工会成立时期，就选定勤劳的蜜蜂作为工人阶级的形象代表。当工会成立 100 年之后，挪威发行的纪念邮票，忙忙碌碌的蜜蜂在蜂窝口进进出出（图 13.2）。在许多国家，人们都喜欢用蜂窝或蜂巢来宣传储蓄。芬兰在 1947 年发行的储蓄银行建行 60 周年邮票上，有喇叭和蜂巢构成的徽标（图 13.3）。古代欧洲邮递员吹号

图 13.1   图 13.2   图 13.3

来招呼人们，在这里号召民众参加邮政储蓄。1947 年罗马尼亚为世界储蓄日发行的邮票上，陶制蜂窝就像一只储蓄罐（图 13.4）。在 1958 年匈牙利的邮票上，用蜜蜂和蜂房标志银行储蓄（图 13.5），蜂房上出现了不少蜡盖，说明贮存的蜂蜜很多，理财的业绩很好。

　　在 1961 年波兰邮票上，则用蜜蜂采蜜的辛劳与美满来宣传储蓄（图 13.6）。1962 年罗马尼亚"储蓄日"也发行邮票，由蜜蜂驮着储蓄存折，飞向百姓家中（图 13.7）。马耳他等国家将蜜蜂铸在货币上。劳动创造财富，节俭过日子的含义就更为明显了（图 13.8）。

图 13.4

图 13.5

图 13.6

图 13.7

图 13.8

　　韩国在 20 世纪后期成为亚洲四小龙之一，创造了许多惊人的奇迹。在发展过程中，韩国多次发行蜜蜂邮票和小型张，鼓励民众学习蜜蜂，

勤俭持家，储蓄建国（图 13.9—图 13.11）。

图 13.9　　　　　图 13.10　　　　　图 13.11

2. 蜜蜂象征友好和勤劳

蜜蜂勤劳奉献和团结协作的"美德"，也是各地普世的价值观。1970 年马达加斯加发行的邮票，用联合国标志作蜜蜂腹部，代表公正的天平作触角，组成了一只特型的蜜蜂，纪念联合国成立 25 周年（图 13.12）。2006 年爱沙尼亚为移民发行邮票，用许多蜂房展示不同民族的笑脸，组成全国欢乐的大团结，形象鲜活，寓意深刻（图 13.13）。

1953 年意大利发行邮票表彰劳动者，邮票中除了十字勋章和星形勋章外，还有一只巨大的蜜蜂和它的巢脾，象征受勋者有蜜蜂一样的品德，

图 13.12　　　　　　　图 13.13

受到人们的仰慕和崇敬（图 13.14）。

　　1967 年意大利为"邮票日"推出的邮戳，有通用蜜蜂的标志，示意邮政的高效、快速（图 13.15）。美国一些地方曾经以蜜蜂图案作邮戳，宣传博览会（图 13.16）。丹麦的小本票封面和邮戳上，代表邮政的小蜜蜂告诫人们寄信不要忘记写邮政编码，这种人性化、形象化的宣传效果很好（图 13.17、图 13.18）。

图 13.15

图 13.14

图 13.16

图 13.17

图 13.18

　　20 世纪 50 年代发展起来的欧洲共同体，也用蜜蜂精神来鼓励各国联合和协作。在 1962 年，为纪念欧共体 10 周年，西班牙发行蜜蜂邮票并使用纪念邮戳（图 13.19），荷兰也推出纪念邮戳（图 13.20），都是以勤劳的工蜂和蜂房、蜜蜂与蜂窝为主要内容。50 年后，欧共体发展成为欧盟，黑山共和国还以蜜蜂和蜂房来追思过去，激励未来（图 13.21）。

图 13.19

图 13.21

图 13.20

3. 蜜蜂徽志流传在城市之间

养蜂在俄罗斯坦波夫城市创建和发展中起过重要作用，后来蜂窝成了该市的城徽。在建城 350 年纪念邮票上，蜂窝徽俯看着城市变迁，让人难忘历史，梦想未来（图 13.22）。在法属留尼旺早期邮票上，1 枚古典的城徽中，14 只小蜜蜂在飞舞（图 13.23）。

图 13.22　　　　　　　　　　　图 13.23

乌拉圭的科罗尼亚省的省徽（图 13.24）、罗马尼亚的瓦斯路易和卡拉什 - 塞维林的县徽（图 13.25、图 13.26）、拉脱维亚瓦内那的城徽

图 13.24　　　　　　　图 13.25　　　　　　　图 13.26

图 13.27

图 13.28

图 13.29

图 13.30

（图 13.27）和法国皮奇的镇徽（图 13.28），它们城镇级别大小不同，都有蜜蜂和蜂巢。邮票或邮戳为它们刻画了性格，也记录了历史。

在土耳其伊斯坦布尔技术大学、法国中央艺技学校（图 13.29）和印度西德纳姆（Sydenham）学院的校徽中，用蜜蜂形象激励学生，培养他们蜜蜂一般的敬业精神和专业技能。蜂巢也是比利时昆虫学会（图 13.30）和法国自然历史博物馆的徽志（图 13.31）。在斯里兰卡，保险公司也用蜜蜂作标志，象征诚实和诚信（图 13.32）。

许多国际组织和它们的活动，也经常用蜜蜂或蜂巢作为它们的形象代表。例如，1969 年墨西哥为纪念国际劳工组织成立 50 周年发行了蜜蜂邮票（图 13.33）；1978 年马来西亚为童子军第四次大露营发行的邮票，用蜜蜂和蜂巢来表达童子军勤劳团结的精神（图 13.34）。

2000 年马来西亚举办第 21 届汤姆斯—尤伯杯国际羽毛球赛，用右

图 13.31

图 13.32　　　　　　　　　　图 13.33

手握拍，左手拿球的小蜜蜂作吉祥物。当时汤姆斯杯马来西亚已经 5 次夺冠，其业绩仅次于印尼，为鼓舞运动员的斗志，小蜜蜂为运动员鼓劲（图 13.35）。马来西亚教育公民，以勤劳为美德，同样用蜜蜂作为样板（图 13.36）。

图 13.34　　　　　　图 13.35　　　　　　图 13.36

4. 用蜜蜂或蜂蜜作地名

在美国，有许多地方，因为养蜂让老百姓丰衣足食，他们中有的以蜜蜂来命名（图 13.37），有的则称之为"蜂蜜"而闻名（图 13.38）。这些地方像《圣经》中所说的，是流淌奶和蜜的地方。在我国黑龙江尚志县有蜜蜂乡，那里有饲养欧洲黑蜂的悠久历史，"蜜蜂"自然而然成了地名（图 13.39，另见图 3.20）。在广东深圳有一个镇叫"香蜜"，其中也包含蜜蜂的意思（图 13.40）。

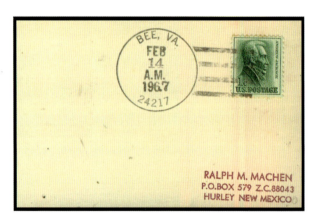

图 13.37

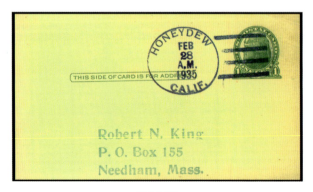

图 13.38

图 13.39   图 13.40

图 13.41

图 13.42

    用蜜蜂作商标的商品也很多。在法国，1949 年肥皂公司用邮戳为蜜蜂牌香皂做广告，它是肥皂剧的变种，在当时大众生活中很有宣传效果（图 13.41）。1966 年德国邮政为蜜蜂牌螺丝钉制成广告邮戳（图 13.42）。

5. 工艺品中飞舞的蜜蜂

用蜜蜂形象制作的饰物，象征为人勤快能干，事业甜甜美美，非常受人欢迎。在伊朗邮票上有只金蜜蜂，这是 1974 年伊朗妇女协会赠送给法拉赫王后的，祝贺她与巴拉维国王大婚 15 周年（图 13.43）。泰国市场有豪华的钻石蜜蜂饰物，邮票上的蜜蜂充满珠光宝气，显得奢华而灵动（图 13.44）。

儿童们喜欢蜜蜂形象，玩具里有它，故事里有它。在新西兰的邮票上能见到会跑的蜜蜂汽车（图 13.45、图 13.46）。在巴西的邮票上有飞来与黑娃娃做伴的小蜜蜂（图 13.47）。

蜜蜂也进入了帝王生活中，当年法国拿破仑一世恢复帝制，选择蜜蜂和鹰作为他的象征。在他接待大臣的宫室中，由路易十四时期著名的戈布蓝工场为他制作了 6 扇充满皇家气派的屏风，上面绣着雄鹰和

图 13.43

图 13.44

图 13.45

图 13.46   图 13.47

图 13.48   图 13.49   图 13.50

蜜蜂（图 13.48）。拿破仑梦想像墨洛温家族那样，在法国历史上建立起强大的帝国，因此竭力想沿袭该家族蜜蜂的纹章与族徽。梵蒂冈的教皇，惯用传统蜂窝状的皇冠，并且将它融合在梵蒂冈的纹徽之中（图13.49、图13.50）。

6. 科学技术与蜜蜂

梅特林克称颂蜜蜂是伟大的建筑师和工程师，结构精巧的蜂房是人们模仿的典范。罗马尼亚 1965 年发行的国际养蜂大会邮票上，有模拟

六角形蜂房的会议大厅，第20届国际养蜂大会就在这个宏伟、别致的"蜂房"内举行（图13.51）。钟情蜂房结构的罗马尼亚建筑师还模拟巢脾为养蜂研究所构建大楼（图12.18），其成果反映在1987年发行的养蜂邮票上，这些建筑师都拜蜜蜂为师，获得非凡的成就。现代航空航天事业的发展，蜜蜂又成了太空的常客，它们忙碌在科学家的实验室和人造卫星的太空舱里，记下宇宙射线对生命的点滴影响（图13.52）。进入信息时代，人们开始用高科技来制作"机器蜂"，这种没有生命的蜜蜂，也能飞舞在蓝天花海之中（图13.53），它能检验人脑与蜂脑的差距，它也能在"互联网+"中冲锋陷阵。

图 13.51

图 13.52

图 13.53

7. 文学艺术作品中看蜜蜂

德国儿童文学家华德玛尔·邦塞斯在1912年发表了童话《小蜜蜂玛雅历险记》，讲述了一只天真无邪的小蜜蜂，离开妈妈后在大自然中与很多小昆虫产生了纠葛，同时，也发现了友谊。作者通过小蜜蜂来宣扬善良和纯朴，歌颂友谊和爱心。该书后来被翻译成多国语言出版，又被改编成连环画和电影，在1998年搬上德国发行的青年福利附捐邮票上（图13.54）。它是一

图 13.54

个世纪来以蜜蜂作为主角，最有影响的文学作品，对儿童成长有很大的影响。在日本（图13.55）和突尼斯（图13.56）的邮票上，在美国的邮戳上（图13.57），都能见到小蜜蜂玛雅可爱的形象。在奥地利的卡通

图 13.55

图 13.56

图 13.57

邮票上，玛雅和它的小伙伴们，玩得更是乐不可支（图 13.58）。

1925 年英国作家 A.A. 米尔恩为他儿子创作了童话中的主角小熊维尼。维尼是一只头脑简单、心地善良的小熊，它把蜂蜜当作最美好的食品，因此有了维尼进蜂窝，偷蜂蜜而遭蜜蜂围攻的故事，深受家长和孩子的欢迎，后来由古典风格的插图画家谢法尔德（E. H. Shephard）把它改编成连环漫画。1966 年迪斯尼公司又把它改编成《小熊维尼和蜜蜂树》搬上银幕，到 2000 年为止，已经推出 20 部动画片。英国为纪念米尔恩发行了邮票。小型张上可以看到维尼乘气球去偷蜂蜜的情景（图 13.59）。在苏联和波黑的邮票上都有调皮活泼的维尼，它始终和蜜蜂在一起，吸引了成千上万少年的心（图 13.60、图 13.61）。

图 13.58

图 13.59

图 13.60

图 13.61

8. 与蜜蜂有关的绘画

在我国民间，有许多蜜蜂恋花的绘画。乌干达发行的齐白石的写意画"蜜蜂和紫藤"，表达了老人的创作特点，他用大笔写意画，画出飞舞的小蜜蜂，不同于工笔的蝈蝈和知了，看起来十分灵动，几乎让人能听到高速振动的翅膀在嗡嗡作响，它急切飞向花朵，反映了植物与蜜蜂的互惠互利关系（图13.62）。在2006年我国澳门的邮票上，画家甘恒的扇面上有"蜜蜂与牡丹"，与齐白石作品有异曲同工的美妙意境（图13.63）。我国2003年发行的有奖贺年明信片上，有清代无名氏作品《蜜蜂与凤仙花》，2只蜜蜂在空中飞舞，2株色彩不同的凤仙花在欢迎小蜜蜂。它们会飞向紫花，放弃粉色花吗？工整细腻、动静结合的画面没有给我们答案（图13.64）。

图 13.62

图 13.63

图 13.64

在外国绘画邮票上看蜜蜂，风格各异，流派不同。在苏里南的邮票上，小蜜蜂被艺术家变成扑克牌一般的卡通画（图 13.65）。斯洛伐克曾经几次发行儿童绘画邮票，内中都有孩子们熟悉的小蜜蜂，一只蜜蜂正在飞向虞美人花（图 13.66、图 13.67）。在列支敦士登 2003 年发行的儿童绘画邮票中（图 13.68），虽然也是飞向虞美人的蜜蜂，但已经相当成熟，妙趣盎然。最让人感到惊奇的是一些大师的名作。同样在列支敦

图 13.65

图 13.66

图 13.67

图 13.68

士登的邮票上，绘画大师米罗的《梦中蜜蜂》邮票（图13.69）。20世纪画家米罗与毕加索、达利齐名，是一位超现实主义艺术家，他所用色彩简单而鲜明，构图非常古怪。画中的动物或人物，不讲对称，往往双眼圆睁，头重脚轻。这幅作于1979年的装饰画中，有一头十分诡异的蜜蜂，借此反映出他当时内心的矛盾和对世俗的忌恨。在有关蜜蜂的作品中，这是难得一见的珍品，值得我们细细品味。1988年是英国风景画家伊·里尔逝世100周年，纪念邮票中有一幅他的名作《猫头鹰和小猫咪划船出海》（图13.70），淡绿色小艇装载着美味的蜂蜜。它们出海去游玩，有了蜂蜜，它们的旅行变得更加完美和甜蜜。

图 13.69

图 13.70

9. 蜜蜂与音乐

蜜蜂会唱歌，"嗡！嗡！嗡！"是老幼都知道的，因此将蜜蜂歌声融入音乐作品是很自然的事。19世纪俄罗斯古典音乐家里姆斯基·科萨科夫（图13.71）用音乐语言来表演野蜂，获得惊人的成就。他的名作《野蜂飞舞》中，不但有蜜蜂的轰鸣声，而且奏出了它们螫人的效果。歌剧讲的是萨尔丹王娶了米利特利沙为王后，王后生了王子后遭到两个姐姐的陷害。善良的王子长大成人，化为野蜂进入皇宫，飞来飞去，以无情地叮刺来报复卑鄙的小人。强烈跳动的音符奏出野蜂飞舞时的嗡嗡嗡声响，让听众如同身临蜂场，感到震撼。邮票上的野蜂，在人群之间狂飞乱舞，又让人内心紧张。剧中的野蜂，是放荡不羁、野性十足的蜜蜂，它们心地善良、疾恶如仇，所以让人感到心灵得到舒展和快乐（图 13.72、图 13.73 局部）。

图 13.71

图 13.72

图 13.73

10. 有趣的小蜜蜂报喜

蜜蜂的生育能力让人钦佩，蜜蜂的勤劳能干让人喜爱。蜜蜂两次进入法国生男育女的报喜邮票。第一次，一只小蜜蜂趴在花苞上（图 13.74）；第二次，邮票上有性别不同的蜜蜂宝宝，他们活泼调皮，让人感觉到新生命的活力，憧憬男孩的帅气（图 13.75）和女孩的美丽（图 13.76）。小蜜蜂捎来喜讯：生男、生女都一样，都会让人感到可爱又可亲。

图 13.74

图 13.75

图 13.76

世界养蜂业的忧与喜

古老的养蜂业，让王公贵族和平民百姓都尝到了甜味美食。养蜂不占用农田，但为庄稼授粉，使它们籽粒饱满，硕果累累。尽管养蜂人辛苦劳累，蜂蛰日晒，四处奔波，人们仍然把养蜂称为甜蜜的事业，乐此不疲。

1. 辛劳快乐的养蜂人

人类和蜜蜂交往由来已久，经过漫长的岁月，一批机智勤劳的先民开始饲养蜜蜂。早期养蜂只是家庭副业。在 1996 年土耳其发行的邮票上，养蜂和养禽、养狗、养鱼并列为动物饲养的四大产业，养蜂业的规模和效益都位居榜首（图 14.1）。从突尼斯的邮票上可以看出，养蜂取

图 14.1

蜜大多由夫妻共同经营。他们头戴蜂罩，身穿防护服，避免被蜂螫伤（图 14.2）。再看 2013 年新喀尔多尼亚邮票的副票上，养蜂人的装备已经大为改进，更为安全舒适，他们能将野生的蜂群收集到自己饲养的蜂群里（图 14.3），再不像津巴布韦邮票上那样用原始办法，要设置简易蜂箱，烟熏火燎来处置野生蜂群（图 14.4）。

图 14.2   图 14.4   图 14.5

图 14.3

从埃及和奥地利的邮票中可以看到，养蜂业不但在人类的物质生活中地位显赫，在文化生活中也占有重要位置（图 14.5、图 14.6）。

在 2011 年瑞士的蜜蜂极限片上，让我们穿越时空，回想起 20 世纪初的哥庭根的养蜂人家。主人将一个个精致的草蜂窝安放在小屋里，蜜蜂在花间飞舞，男女主人在旁边欣赏，并感受着养蜂采蜜的愉悦（图

14.7）。同时，又使人重温 2 000 多年前罗马大诗人维吉尔的《农事诗》，大意是："要为蜜蜂找个安乐窝，附近有清泉，小溪悄悄流淌，没有小羊和小牛来干扰，露珠在青草上闪光，蜂王在春暖花开时带领蜂群分房……"在葡萄牙的亚速尔岛，2013 年发行的养蜂邮票上，那些小岛虽然不是维吉尔笔下的世外桃源，但幽静的养蜂场上，蜂儿在飞舞，小牛在仰视远方，充满田园诗意（图 14.8、图 14.9）。现代化养蜂业的兴起，也没有改变那里的青山绿水，养蜂人依然守望着快乐的蜂群，自由自在地呼吸新鲜空气，享受大自然的良辰美景，这比品赏蜂蜜更滋润心扉（图 14.10、图 14.11）。

图 14.6

图 14.7

图 14.8

图 14.9

图 14.10　　　　　　　　　　　　图 14.11

2. 古老产业焕发青春

19 世纪中叶，活框养蜂技术的出现，解决了养蜂与取蜜之间的矛盾，养蜂业得到突飞猛进的发展。此后，养蜂人组成合作社，从蜂场选择、转场到收获和加工蜂产品，组成一套流水线。现代化养蜂不仅扩大了规模，而且提高了生产率。从 1991 年皮特凯恩群岛的邮票上，当地养蜂人为了放蜂和转场，骑着摩托车忙忙碌碌，但他们分工合作，和谐快乐（图 14.12）。20 世纪 20 年代，苏联建立了世界上最大的国营养蜂场。在 1951 年发行的农业现代化邮票上，可以看到大型农场和与之匹配的养蜂业（图 14.13）。当时全苏联有蜜蜂 1 000 万群，号称世界第一。后来因世界大战和蜂螨危害，养蜂业几起几落。在捷克斯洛伐克，人们从小就受到养蜂的教育，孩子们也重视蜜蜂，亲近蜜蜂；养蜂与畜牧和园艺

图 14.12　　　　　　　　　　　　图 14.13

图 14.14

图 14.15

图 14.16

图 14.17

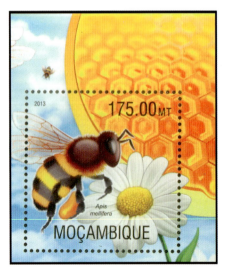

图 14.18

图 14.19

结合得很好（图 14.14、图 14.15）。罗马尼亚的养蜂业有很大的规模，在邮票上展示了养蜂与农业和畜牧业的关系。在养蜂业博览会的明信片上，一派现代化养蜂场的气势。场内道路宽广，果林茂密（图 14.16），养蜂人为蜜蜂构建了洞天福地，蜜蜂也为他们贡献无穷的财富和美食。还有一套养蜂邮票，从开发蜜源，大田放蜂，蜂箱转移和蜂业研究一条龙的现代化养蜂产业，都是世界一流的（图 14.17）。

　　到 20 世纪末，全球有蜜蜂 6 000 万群，年产蜂蜜近 100 万 t，蜂蜜的贸易达到 25 万 t。蜂具制造和种蜂培育等各种行业，都应运而生，养蜂业在全球形成颇有特色的产业链。近年来，非洲在联合国粮农组织的支持下，养蜂业也有很大的发展（图 14.18）。许多国家舍弃原始的养蜂方式，进入现代化养蜂时代（图 14.19、图 14.20），蜂

图 14.20

图 14.21

产品的品种和产量明显增加（图14.21）。

　　我国的养蜂数量已经达到877万群，成为世界最大养蜂国。可是我国发行的蜜蜂和养蜂业的邮票和邮品，数量太少，原生的蜜蜂受到意大利蜜蜂的排斥，成了濒危物种，而且破坏了生物多样性，值得我们注意（图14.22）。

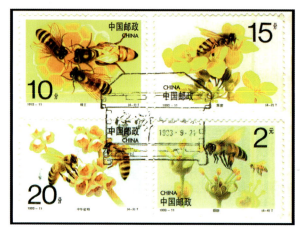

图14.22

3. "杀人蜂"的奇迹和"CCD"之谜

　　早在1875年就有意大利人将蜜蜂引进巴西，100多年来当地养蜂业已经有了相当大的规模（图14.23）。20世纪中科尔教授用东非蜜蜂来改良种蜂，不料在他的研究室里饲养的几只东非蜂逃离饲养笼，几年后繁殖出大量彪悍凶猛的非洲化蜜蜂。媒体报道在南美几百人和数千头家畜遭蜇身亡，称其为"杀人蜂"，一时间人们谈蜂色变。在圣文森特和格林纳丁斯邮票上，"杀人蜂"的面目可怕，让人不寒而栗（图14.24）。后来，所谓的"杀人蜂"迅速迁飞和扩散到美国，短短几年使南北美洲的养蜂业受到重创。30年后，东非蜜蜂在自然界经过杂交和稀释，发生了惊人的变化。同时，养蜂人也改进了管理方法，带来的结果是蜂群产蜜量增加，抗逆性增强，传粉能力不减。这种戏剧性变化，让

图 14.23

图 14.24

舆论为"杀人蜂"正名，螫刺伤人的事变得微不足道。巴西的养蜂业又重整旗鼓，蜂胶已经大量出口。

　　进入 2006 年，美国和欧洲许多地方，又出现了离奇的蜜蜂突然消失事件（CCD），许多蜂群突然之间从养蜂箱里蒸发，只留下"寡母孤儿"，蜂巢里剩下蜂王、幼蜂和蜂粮。整箱整箱的工蜂，它们到哪里去了？有数据报告，2006—2007 年，美国因此平均损失蜂群达到 36%。在欧洲

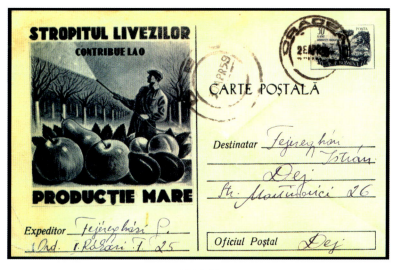

图 14.25

和加拿大等地也出现了类似的 CCD 个案。养蜂界和科技界分析认为，CCD 事件可能与农药、病菌、转基因作物、气候转暖以及电磁波辐射等多种因素有关。

图 14.26

　　蜜蜂对农药十分敏感。近年来农田使用化学农药增加，特别在大面积用机器喷洒农药，蜜蜂非常容易受害。在各国邮票上，普遍出现高度机械化施药的场景。无论大田或果园，当喷药的飞机作业的时候，蜜蜂很容易受到农药漂移的影响（图 14.25—图 14.27）。

　　但 CCD 事件中蜜蜂的消失似乎与农药中毒死亡不同，在养蜂场找不到中毒死亡的蜜蜂。

图 14.27

　　有研究者认为，全球进入信息化、网络化时代，世界各地移动通信、电子通信设备快速普及，可能使众多蜜蜂在繁忙的磁场中迷失方向，出巢采蜜的工蜂无法回巢（图 14.28）。这是产生 CCD 的重要原因吗？谁也没有真凭实据。

图 14.28

　　后来又出现了另一种说法，那就是杀虫剂中新烟碱类药物会破坏蜜蜂的神经系统，使它们无法辨认方向，自然无法回巢。在瑞典的邮票上，可以看到有关神经传导和神经递质的画面（图 14.29）。当蜜蜂接触到微量的新烟碱类杀虫剂，它的神经递质和化学传导都会受到破坏，采蜜的工蜂再也没有能力回巢。近年来，吡虫啉和定虫咪等新烟碱类药剂在各地使用很广，从许多农药

图 14.29

公司的贺年明信片的广告中也有反映，从而可能使蜜蜂慢性中毒，成为工蜂无法回巢的元凶（图 14.30）。但即使有了合理的解释，也尚无直接的证据来破解 CCD 的迷案。

图 14.30

4. 养蜂人的梦

欧洲、北美养蜂业受挫的时候，我国成了世界养蜂量和蜂产品的最大国，在外销方面有了较大的发展，蜂产品的深度加工也有很多创新，蜂产品尤其是蜂蜜成了我们生活的必需品，它的甜蜜是蔗糖无法替代的。我国的养蜂人，偏爱蜂蜜，也喜欢蜂胶和蜂乳，期待有更多的蜂产品出口世界各地。当今，世界上许多国家都在发展他们的养蜂业，他们通过蜜蜂授粉，增加牧草和果品、蔬菜的质量和产量，同时获得了相应的蜂产品。他们的养蜂事业既有大规模、现代化的，也有以家庭和个人休闲为目的的，绿色生态，悠闲自在。墨西哥、巴西和阿根廷的养蜂业，在近几年里获得快速的发展，已经成为新兴的养蜂大国。在澳大利亚、新西兰和许多岛屿和岛国，养蜂业始终在稳定的环境中向前发展（图14.31—图 14.33）。

综观国外，在蜂王培育、养蜂机械化和工厂化、养蜂与授粉相结合、提高养蜂人员的水平和优化蜂产品质量等方面，多有出类拔萃的成就，值得我们好好借鉴和学习。蜜蜂资源的保护，也是十分紧迫的事，需要我们采取有效的措施。虽然蜜蜂和养蜂的事业免不了艰辛和苦涩，但更多的是自由、欢快和甜蜜。只要我国养蜂人不断努力，今天的养蜂大国，明天肯定能成为养蜂强国。

图 14.31

图 14.32

图 14.33

后 记

　　蜜蜂是一类世界性分布的昆虫，同时也是人类最早驯化的动物。蜂蜜则是天然的糖果，受到了全世界各种族人们的青睐。蜜蜂与人类的渊源由来已久，给人类带来的益处是其他昆虫所无法比拟的。

　　在世界邮票发行史上，蜜蜂占有相当重要的地位。最早关于养蜂的邮票"悉尼风光"诞生于 1850 年初，距离世界首枚黑便士邮票的发行，还不足 10 年！

　　虽然从发行数量上，蜜蜂邮票远远比不上蝴蝶邮票，但从发行年代和珍稀程度上看，蜜蜂邮票则远远超过了蝴蝶邮票，在昆虫邮票中首屈一指。

　　早年间，邮票在我国的一些地区也曾被称作"邮花"。我们将这本书称为《蜜蜂邮花》，既有介绍蜜蜂邮票的意思，又有蜜蜂访花的含义在里面，也算是一语双关了。

　　这本书讲述了蜜蜂邮票和邮品的发行历史，并结合邮票上出现的画面和文字中体现出来的蜜蜂及养蜂学知识，系统地介绍了人类养蜂的历史和蜜蜂的生活，希望给广大集邮爱好者和昆虫爱好者带来不一样的体验，让广大的养蜂者在繁忙的工作之余得到消遣，做一回无声的对话。

　　我们三位作者分居三地，天各一方，出书进度缓慢，书中内容讨论交流不够，难免有所欠缺，望广大读者批评指正。

　　本书出版得到重庆大学出版社的支持，德高望重的龚一飞教授为本书作序，在此一并致谢。

编 者

2016 年 8 月 1 日

好奇心书系

图鉴系列

中国昆虫生态大图鉴（第2版）	张巍巍	李元胜
中国鸟类生态大图鉴	郭冬生	张正旺
中国蜘蛛生态大图鉴	张志升	王露雨
中国蜻蜓大图鉴	张浩淼	
青藏高原野花大图鉴	牛 洋	王 辰
	彭建生	

中国蝴蝶生活史图鉴	朱建青	谷 宇
	陈志兵	陈嘉霖
常见园林植物识别图鉴（第2版）	吴棣飞	尤志勉
药用植物生态图鉴	赵素云	
凝固的时空——琥珀中的昆虫及其他无脊椎动物		张巍巍

野外识别手册系列

常见昆虫野外识别手册	张巍巍	
常见鸟类野外识别手册（第2版）	郭冬生	
常见植物野外识别手册	刘全儒	王 辰
常见蝴蝶野外识别手册	黄 灏	张巍巍
常见蘑菇野外识别手册	肖 波	范宇光
常见蜘蛛野外识别手册（第2版）	王露雨	张志升
常见南方野花识别手册	江 珊	
常见天牛野外识别手册	林美英	
常见蜗牛野外识别手册	吴 岷	
常见海滨动物野外识别手册	刘文亮	严 莹
常见爬行动物野外识别手册	齐 硕	
常见蜻蜓野外识别手册	张浩淼	
常见螽斯蟋蟀野外识别手册	何祝清	
常见两栖动物野外识别手册	史静耸	
常见椿象野外识别手册	王建赟	陈 卓
常见海贝野外识别手册	陈志云	
常见螳螂野外识别手册	吴 超	

中国植物园图鉴系列

华南植物园导赏图鉴	徐晔春	龚 理	杨凤玺

自然观察手册系列

云与大气现象	张 超	王燕平	王 辰
天体与天象	朱 江		
中国常见古生物化石	唐永刚	邢立达	
矿物与宝石	朱 江		
岩石与地貌	朱 江		

好奇心单本

昆虫之美：精灵物语（第4版）			李元胜
昆虫之美：雨林秘境（第2版）			李元胜
昆虫之美：勐海寻虫记			李元胜
昆虫家谱			张巍巍
与万物同行			李元胜
旷野的诗意：李元胜博物旅行笔记			李元胜
夜色中的精灵	钟 茗	奚劲梅	
蜜蜂邮花	王荫长	张巍巍	缪晓青
嘎嘎老师的昆虫观察记			林义祥（嘎嘎）
尊贵的雪花		王燕平	张 超

好奇心书系
·野外识别手册·

野外识别手册丛书

好 奇 心 书 系

YEWAI SHIBIE SHOUCE CONGSHU

百名生物学家以十余年之功，倾力打造出的野外观察实战工具书，帮助你简明、高效地识别大自然中的各类常见物种。问世以来在各种平台霸榜，已成为自然爱好者所依赖的经典系列口袋书。

好奇心书书系·野外识别手册丛书

常见昆虫野外识别手册
常见鸟类野外识别手册（第2版）
常见植物野外识别手册
常见蝴蝶野外识别手册（第2版）
常见蘑菇野外识别手册
常见蜘蛛野外识别手册（第2版）
常见南方野花识别手册
常见天牛野外识别手册
常见蜗牛野外识别手册

常见海滨动物野外识别手册
常见爬行动物野外识别手册
常见蜻蜓野外识别手册
常见螽斯蟋蟀野外识别手册
常见两栖动物野外识别手册
常见椿象野外识别手册
常见海贝野外识别手册
常见螳螂野外识别手册